遠州の遠野物語

ことのまことあかしがたり

「事実証談」の世界

遠州の遠野物語

「事実証談《ことのまことあかしがたり》」の世界

はじめに

遠州森町といえば石松でその名が知られているが、茶の町、高級茶の町としても名高い。「急須でお茶を飲む町」というキャッチフレーズで、森山焼のイメージを出すとともに、急須でリーフ茶を普及させようという意図は、懐かしい郷土の香りを乗せて長く言い広められ、町の名を高めていくだろう。

森町には一般にはあまり知られていないが、江戸時代に傑出した人物がいた。天宮《あめのみや》神社の六十六代神主、中村乗高《なかむらのりたか》さんだ。遠州の奇書とされる「事実証談」という大著を残した人である。二十年以上かけて集めた奇談は、草稿の段階では二百巻を超えていたといい、それを十六の部門に分類して出版にのぞんだが、実際に刊行されて現在、目にすることができるのは、そのうちの三部門五冊だけである。とはいえ、この三部門だけでも二百を超える貴重な話が採録されている。

本書はその「事実証談」をより多くの人々に読んでいただけるよう、現代語に分かりやすく意訳したものである。二百余話のなかから七十六の奇談を抜粋して、十八のテーマに再編し、それぞれ現代の心霊研究の上に立った考察をほどこした。考察を補足するために、心霊資料の文献を併せて掲載している。参考にしていただければ幸いである。

「事実証談」は霊的現象の確かさを、近代スピリチュアリズムが発祥する五十年も前に発表している。現在は唯物主義全盛時代だが、何十年か先にはアカデミーでも採り上げられ、科学的な裏付けのある霊魂研究が行われるようになるだろう。またわが国の古神道にも述べられている古き時代に起こった霊的現象の正しさが再確認され、古神道がスピリチュアリズムと同じ趣旨の上に立ったものであることが追認されるであろう。このとき江戸末期の文政年間に遠州各地で起こった霊的現象を広く収集してこの研究を行った中村乗高さんは、わが国のスピリチュアリズム発展の一翼を担った人として評価されるであろう。

お茶の町である森町はまた、お達者度で男性も女性も静岡県一になったことと相まって、健康長寿の町のイメージが広がっていくであろう。それとともに「事実証談」と、その著者である心霊研究家といってもよい中村乗高さんが認定されることは間違いない。

目次

11　秋葉山　197

12　祠と疫病神　205

13　病気など　217

「事実証談《ことのまことあかしがたり》」の解説

中村乗高の序文（勝又己嘉訳）

私たち日本人は古来、あるがままの大自然に従って生きてきました。自然の表れを尊重し、これを生活の基本として行動してきたのです。

ところがこれとは異なる思想が国の外からもたらされ、ものの考え方が混乱してしまいました。古代に起きた霊的事実を認識せず、これを信じない風潮は現代の疑惑が招いたものです。

いったい世の中に存在するもので、また生きているもので、霊的なものはないと言いきれるでしょうか。大自然そのものが原始より不思議に満ちており、古代においては現代では想像もつかないことが起きていたのです。これらのことは現代から推し量ることは無理なことです。

月、日の運行、雨が降り風が吹くのは言うまでもなく、春に花が咲き秋には紅葉となり鳥や魚など目に見え、聞こえ、匂い、味わえるもの全ての営みは、別に存在するものの計らいによるものです。人々の心に浮かぶそれぞれの想い、それが言葉のあやとなって交互に行き交う世の中の仕組みも、そうしたものなのです。

人の身体が自由な行動をとれるのもそうした存在を考えに入れねば不可能なことです。死後も人の魂は永くとどまり、身内や知人に幸福をもたらし、また不幸に陥れます。人に憑依して喋り、形態をとって人の前に現れもします。奇妙で常識では測れません。

だが、そのような現象の実在することは理解せず、あり得ないことだと一方的に決めつけてしまう人が多い。このような現状では五官の働きが全てであって世の中には不思議はないと唯物的な風潮が広がるばかりです。

そうではないと一般の人たちに考え直してもらうため、私が実際に接した霊的事実を披露したのです。それらは実際に起きたことだと断定できます。しかし私はさらに調査し考察を加えて記録しました。これらの記録を収集したものを一冊にまとめ、「事実証談」として世に出しました。

これを読む人はその事実を認識し、古代においても同じ現象が起きたことを理解するでしょう。現代の霊的事実を検討してみるのが古代の不思議発見につながるのです。古き時代が窺えるのです。世の中の不思議現象も理解できるのです。

平田篤胤の序文（勝又己嘉訳）

わが国の神については古学の記するところにも、遥かに遠き神代においても、神霊の霊妙な働き掛けがあったことを知り、明らかにするのは重要なことである。私が師と仰ぐ賀茂真淵も私の師匠の本居宣長も古学を教えるときは、それら古典をこのように説きあかされていた。また師につかず自らで学ぶ者であっても、そうした教えに従っていつも霊妙なことを心に掛けていたものである。

それであるが現代の賢いと自任している者の多い時世においては、そうした霊妙なことは受け入れ難いものである。したがって、これを学び研究するのは苦労ばかり多く、成果に乏しく世に認めてもらえぬものではないかと、機会がありさえすれば発言する者が多い。

しかしよく考えてみればその本体を知ってこそ細部も分かるわけであり、神代のことを教えることは意義あることだと解釈し、学ぼうとする人は人間的にも優れている。だが一般の人たちはそうではないので、最近の新しいことで経験豊富なものに関心を持たせることが必要だ。そうしたことを一通り習わせた後になって、遠く隔たった神代の理念を現代のものに例えて教えると理解する人が多い。

そうしたことなので中村乗高はよくも最近の世相によって霊的なものの事実の正しさを書いたものである。未熟な学徒が古学になかなか入ろうとしないので、そうした者に読ませたいと早い時期から目にしたり、聞いたりしたことを書き集めておいたようである。

彼、中村乗高は私と同じ道を志す同学の友であって、遠江の国（遠州森町）の天宮の神主である。これについて述べれば、自ら早い時期から見たり聞いたりして経験したことを書き集めたものを「事実証談」と名付け私のところへ持ってきて見せたのは、過ぐる文化十年の春のことであった。それは七年に一度江戸城の近くで開かれる年賀のとき出向いて来た際のことであった。

私は喜び、その著書が完成したら私の希望するものの一部が叶えられることになる、早く清書して出版し世間に出してくれ、私も応援するからと言えば中村乗高も喜び、張りきって帰っていった。今年は版木に彫るので約束していたように序文を書いてください、清書したものをお見せしますと知らせてきた。かねて請け合ったことなので、早速筆をとって期待に応えるものである。

さて世の中に存在する大きなことも小さなことも、それらは全て神と霊とのなすことであって、国がこのように栄え人も物も盛んになるのも神霊によるものである。四季がめぐり雨が降ったり風が吹いたりすることは皆、神たちのご活躍によるものである。話にある仮設した仏であっても張り子の鯨であっても霊妙な働きを見せるというではないか。神の意によって生霊死霊が憑依してさまざまな業を行うこともあるのだ。

それなので、この書物で著されている事実を素直な気持ちで読み進めば、すぐ理解でき神代のことも推測できるのだ。理屈ばかり言って賢く振る舞う人はこのような霊妙な大気に浸る自然の中にあって、自身がその霊妙な働きに捕らえられていることさえ知らないのであれば、このような霊妙なことが神代を学ぶ手段になるとは知らないので、なお疑うのである。

これをこのうえなく貴重なものと思うのは凡人やからのやることだとつぶやきながら、森羅万象にわたる理知の精神の働き掛けも知ろうとしない。そのような迷いの中にありながら理性的に振る舞っている。しかし世の中は広い。そんな人たちにはあれやこれや勝手に言わせておけばよいのである。

私はこれら霊的なことを貴重に思う平凡きわまりない人間だが、この書物で述べてあるのは事実そのままだと断定する。文章はどこの個所も重要でないところはないが、実際のことをそのまま平易に書いていけと勧めたものである。まったくよく書いたものであり、また珍しいことをよくも集めたものである。

1　幽霊

七之助と遊女の枕元に妻の幽霊が

月見郷に近い谷川の近くに七之助という者が住んでいた。享和年間のこと、労務に就く規則に従い江戸に行き、大名の家臣の屋敷に奉公することになった。その享和三年の秋のことである。仕事の暇をみて七之助は吉原の遊女屋へいった。

遊女と寝ているると夢うつつのとき、故郷にいるはずの妻が枕元に現れた。はっとして何だろうかと問うまもなく妻は「今年はこちらでは麻疹《はしか》がはやり、皆かかり死ぬ人も大勢いる。だけども広い地域の中で誰が先にかかるか分からない。最近になって隣の紋之助さんが死んだ。人の寿命は分からないが心細くてたまらない。それであんたの所へ来たんだ。私が死んだら二人の子供の面倒を頼むよ」と言う。

驚いて目を覚ますと遊女屋ではないか。一緒に寝ているのは遊女である。何が何だか分からないが心配になって起きあがり、一息入れると自責の念が湧いてきた。わしは貧乏だから遠く江戸まで来て奉公しているんだ。このような遊びにカネを使う余裕はないんだ。なんと馬鹿なことをしたんだ。

すぐに遊女を呼び起こして「わしは夜が明けたら働きに出なければならない。それを忘れてつい長居してしまった。もう夜中の十二時を過ぎたんだろう。屋敷は遠いので今から急いで帰らなければ駄目だ」といって、あたふたとそこを出た。そのとき土手の上まで来ると、どこからか火の玉が飛んできて七之助の胸に当たった。びっくりして振り返らず一目散に走って帰った。そのときは夢中だったのでよく覚えてはいないが、火の玉は当たると同時に消えたような気がする。

夜中過ぎなので屋敷へ入れてもらえず、近くの番所に行き朝になるのを待った。自分の部屋にたどり着いて仲間にこのことを話すと、仲間も不思議がり、何か起こるのじゃないかと言った。しかしそわそわするばかりで、どうとも出来ずにいると、故郷から急便が届いた。どんな用件が書かれているかと急いで開いてみると、七之助が吉原で遊女と寝て夢うつつの夜の十二時ごろ、妻が病死したのだという知らせであった。

病妻を捨て下男奉公の男に妻の幽霊が

妖怪やもののけは人が放つ矢に当たるが、人霊には当たらないものである。文化の初めごろのことだが、ある者の妻は結核になり、日常の家事も出来なくなった。主人が賄うだけでは妻子が養えず、家庭は乱れてしまった。男はそんな家庭に愛想をつかし、近くの家の下男奉公に住み込みで働くことになった。

家には貧しく暮らす妻子だけが残った。男は達者だったが、その家に奉公しているうちに、いつしか妻子の惨めな生活を忘れてしまった。そのうえ同じく奉公働きをしている下女と親密な関係を結ぶようになった。妻はそのことを人づてに聞き嘆いていた。だが自分の病気が原因で男が奉公するようになったのだから、わが身を責めて妬んだり憎んだりすることはなかった。幼い娘を養っていたが、食事を満足に与えることも出来ないほど貧しくなってしまった。

身体も病弱になり、今はその娘の看病にすがるほど悲惨な境遇に陥ってしまった。それなのに男はそんなことを少しも気にかける様子はなく、妻に病状を聞くこともなく過ごしていた。それでいて下女とは一層親しくなりみだらな行為をするので、妻は無関心を装いながらも病身の悩みや苦しみをどうすることも出来ないでいた。

そんなわが身を思うにつけても男の見え透いた行いは我慢ならず、くやしくて仕方がなかった。病気もいっそう重くなり文化二年の五月ごろに死んでしまった。

その男は主人から幾日かの休暇をとって自宅に帰り、死体を葬り一七日《ひとなのか》までは形どおりの法事を行った。だがいつまでもぶらぶらしている訳にもいかないので主人の家に戻った。それから連日のように下女に浮かれきり、亡妻のことなど頭におかず悲しみもしなかった。

そんなある日の、月がよく見える夜のことであった。母屋の軒の近くで男と下女がみだらな話をしていると、いつ来たものか近くに亡妻がしょんぼり立っていた。

二人は腰を抜かさんばかりに驚いて庭の方に逃げていった。家の人々は気付いて、何事なんだと声を掛けた。二人は黙っているわけにもいかず、こうした訳なんですとその様子を語った。

男の妻は苦しみ抜いて病死したので、この世に恨みを残すこともあったのだろう。その後は変わったこともなかったが、その幽霊が時々出たようで、他の人々も実際に見たことがあると言っていた。こうしたことから考えれば、幽霊はその男の目に見えたばかりではないので、本当のことだと言える。

老母が養子夫婦を霊的に改心させる

押切の渚に七十を過ぎた老女と五十あまりの娘が住んでいた。家はごく貧しく、養子のなりてもなく二人は寂しい生活を送っていた。ところが近所で世話をする人があって、隣の家に奉公していた下男を養子として迎え、その男に嫁をもらって老女二人を養わせることにした。

しかしその養子たちと親子との間には親しみがまったくなかった。朝晩同じ住居にいながら老女二人を養う辛さが原因で、それが顔に出て素っ気なく扱うことになる。それが二人には面白くない。老母らが明るい関係をつくろうとしても応えない。そんな扱い難い奴らだからと恨み、追い出そうと言い出した。だが再び養子になってくれそうな者が見付かるわけがない。隣家の人たちも老女の愚痴をなだめて暮らしていた。

さてその夫婦の間には二人の娘が生まれ、六人家族となった。夫婦は老女二人の朝夕の食事にも手を抜くようになり、二人には辛い毎日となった。老女二人の怒りは頂点に達して、隣の家族に嘆くこともひと通りではなかった。隣の人たちも夫婦に、老女たちが嘆いていると語り、情けないから気持ちを改めてくれと論じたが、まったく聞く耳を持たないようだった。そうなると隣の人らまで夫婦の行いを問題にして、やはり追い出すしかないと言った。だがよく考えれば跡継ぎになってくれそうな人もないので、ずるずると日を送るばかりであった。

文化七年の八月上旬、七十過ぎの老母が病死して五十あまりの老女一人となった。それでも朝夕の食事は改善されなかった。そのうえ夫婦や娘たちは母屋での同居をいやがり、簡単な庇《ひさし》を出して老女をそこに寝かすことにした。別の家屋に移したようなものだ。しかし二人の娘は相変わらず老女の寝床へ時々行っていた。そのことさえ夫婦はうとましく思い、娘を叱って老女の方へやろうとしなかった。娘たちも親しみをなくして本当に他人より遠い存在になってしまった。

さて文化八年二月六日の夜もふけたころ、三歳になる妹娘がどうしたことかまっ暗い中を老女の寝床へ甘えて行った。すると不思議なことに老女にはその子の着物の柄まではっきり見えた。変なこともあるものだと思い、子供を抱き入れて寝かした。いつもと違って、その子は実の母と添い寝をするようにぴったり抱かれて眠る。老女もかわいいと思いながら寝た。

夫婦はそんなことがあったとも知らずに目覚めると、下の子がいない。驚いて起き家の中を探し回ったが見えない。灯火を照らしてなおも見たがいないので、老女のところに声を掛けた。だが普段から仲が悪いので、ここにいるとも言わないで知らぬふりをしていた。けれども騒ぎが大きくなって隣の家にまで知られると厄介だと思い、その子はここでわしと一緒に寝ているといって、添い寝の事実を打ち明けた。

夫婦もほっとして抱きとろうとしたが、子供は老女と一緒に寝ていたいようで布団を出ようとしない。しかしこのままにしておくのもまずいので、その子に言い聞かせて夫婦の寝室に連れていった。

さて翌九日の朝のことだが、男は早く起きて茶釜に火を焚くとき「俺たちはここに養子として迎えられ親子となった。だが、その恩を忘れてこれまで母に良く仕えなかった。まったく身のほど知らずのことだった」と言った。すると起きていた妻も「そうだとも、女でありながら母親に長い間、素っ気なくしてきた私も、身のほど知らずの不孝者だよ。これからは心を入れ替え共に母を大事にして仕えようね」と言って寝室から出てきた。

そのとき老女は庇の間にまだ寝ていた。だが、夫婦の会話を聞いて妙なことを言うと耳をそばたてた。しかし二人はその他のことは話題にせず、夜中の妹娘のことも話さなかった。

しばらくたって老女も起きてきたが、二人はいつもと違って親切な対応をする。昨日まではあんなに素っ気なかったのに、今朝は人が変わったように愛想がいい。本心なのか疑いたくもなったが、ともかく老女はぎこちない笑みを見せて打ち解けるようにした。

このような状態は月日がたっても変わらなかった。喜ぶ様子は実の母に接しているようなので、老女も訳が分からないまま喜んでいた。しかし毎日がこのような、従来とはうって変わった様子をみせているので、老女も機嫌よく実際のことを近所の人たちに語り、共に安堵した。

その後、老女が隣の大橋家に来て話した。そのとき私（中村乗高）は妙なことだと感じて、どうしてそんなふうに様変わりしたのかと経緯を尋ねた。けれども老女も分からないと言い、よく考えてみると妹娘が夜中のまっ暗いとき甘えて来た、そのとき着物の柄がはっきり分かった。そのことが不思議に感じられたが、想い出してみるとその日は母の命日だった。生きていたとき夫婦とは仲が悪く、そのことを悩んで亡くなった。母の思いが通じてあんなことになったのだろう。その他のことは考えられないと語った。

この例は怪異の部に入れるのが妥当と思えたが、この人霊の部に入れた。それは老女の推察によって、母の霊があのように図ったのではないかと思われたからである。このように親不孝だった者が改まったのは、めでたいことである。親子家族はもちろんのこと人間同士の付き合いも親しいほど結構なことである。

憎んでいがみ合うことは不吉なことの起こる原因となる。それは人霊の祟りのうとましさを思えば分かろうというものだ。子孫が栄えるのは、人との交際が円滑にいっているからだ。そんなことであの親不孝だった者たちが不思議なことに普通ではない孝行者に改まり、いつも老女に仕える態度に誠意が感じられるので、嫌って近寄らないでいた人たちまで会いに来るようになった。

一同は驚くとともに感心するが、こうして人の集まることによってその家は明るく賑やかになった。そのことがこの地域の代官にまで伝わり、褒美として米二俵を頂いたとのことである。この話はそこの村長から聞いたことだが、真にたぐいまれなることである。

娘が亡霊となって実家に来る

太田郷の人が親戚の関係からか伊豆に引っ越し、一家を構えた。次第に栄え長女と次男が成長した。長女は近くの家に嫁にいき、次男が跡継ぎとなった。ところが長女が嫁ぎ先で病死してしまった。次男が成人すると、駿東郡から嫁を迎え家を相続した。その嫁はわずか、十六歳だったという。

あるとき嫁が風邪をこじらせ寝ていると、その部屋の仏壇にいつの間にやら見知らぬ女が来て座っている。それを見てびっくりした。狂った女なのかと不審に思って起き上がると、その女は「あなたは遠方から来たので私を知らないでしょう。私はあなたの夫の姉です。他家へ嫁入りしたんですが、死んでしまったのです。ところが夫は後妻を迎えてからは私の供養をしてくれません。頼る縁者もないのでここに来ました」

私を祭ってくれというのではっと気付き、これは狂った女ではなくて亡霊だと思い、驚いて部屋を飛び出した。家族は何ごとが起きたのだと尋ねた。嫁は起きたことをひと通り説明すると、皆は怪訝な顔をしてその女の容姿を訊ねた。その結果、長女であることが分かった。

嫁は奇怪なことが起きたと、がたがた震えた。そのうえ翌日も姉の霊が姿を現したので、もう我慢できなくなった。それで実家へ詳しく伝え、このような事態になったからにはここにはとてもいられないと言ってやった。

嫁の父親も駆けつけ辛抱しろと言ったが、恐怖のためにおびえきって、とてもここには住めないと言ってやまない。それで有名な白隠禅師の弟子で洞領という僧を頼んで、嫁に安心するよう諭し、その亡者の慰霊のための追善供養を行った。そのうえ今後も丁寧に祭ることにしたので、再び幽霊が出ることがなかった。

この話は早くから聞いていたのだが、文化十年に私（中村乗高）が江戸へ行った帰りに駿東郡にいる知人のところへ寄り、そのことを重ねて訊ねたのである。知人は穏やかに話したが、実はその知人の姉が十六歳で嫁に行った当の女性であり、幽霊を見たのはその姉だった。したがってこの話の正しさが分かるというものだ。

養子の看病に江戸へ行った養母の幽霊

引馬野の寺の住職は多仲が重病だと聞き、快方に向かうよう毎日祈っていた。多仲は江戸で医師の修業中だった。ところがある日、江戸より急便が来てすぐに開いてみると、その多仲が病死したという知らせだった。

僧ではあるが縁が深くかわいい甥の突然の死の通知には呆然とした。住職がこんな状態でいるとは知らず、親しくしている諏訪神社の神主が居間に入って来た。普段の様子とは違う住職をみて、何か変わったことでもあったのかと神主が尋ねると、住職は「思わぬ出来事に取り乱してしまった。わしも永い間仏の道に親しんで人の霊はあるものかと考えていたが、こんな珍しいことが起きたのは聞いたことがない。昔から幽霊があるということだが、実際に見たことがない。今この手紙を読んで、そういうことも起きるものだと分かった」と言った。

神主がどうしたんだと聞くと、住職は「わしから説明するより、この手紙を読んだ方がよかろう」といって手紙を差し出した。

神主は疑問に思いながらもその手紙を読むと、多仲は江戸に出て間もなく結核にかかったという。十月上旬のころより病状が進み、中旬のころには重態になった。寝起きも自由でなく、看護を頼むようになっていた。そのような状態でいると十一月の初めごろから夜中、人が寝静まった時分に、誰か分からないが多仲が寝ている部屋で看病する者がいる。手紙の主のその家の主人が不審に思って様子を窺っていると、女の声がする。さては人に知られないで交際していた女がいたのだ。

臨終が近いので今生の別れにこっそり会いに来たのだ、と思った。けれども知らん顔していた。このような遠い江戸に来て付き添ってまで看病する者など、あるわけがない。こうなっては誰の娘であってもよい、頼んで看病してもらおうと、そのことを多仲に話してみたが、全く覚えていないという。これは変だと感じたが病人に逆らっても仕方がない。そのままにして、この日の夜も次の部屋に寝た

するとまた夜中近くなると女の声がする。不思議に思って注意していると、夕暮れどきには寝たり起きたりすることも不自由だった多仲が、看護なしに寝起きしている。それで不審に思い、夜の明けるのを待って多仲にそのことを話した。そしてどうしたことなんだと問うと、隠しておくことができずに、こっそり語った。「それほど強くおっしゃるから

には黙っているわけにはいきません。私自身不思議なことだと思っているのです。人が起きているときは来ないが、寝静まった後、どこからか女が来て優しく寝起きの看護をするのです。手足をなでたり、さすったりしてくれるのですが、どこの女とも分かりません」と話すのでよけい怪しくなり、狐・狸などの仕業ではないかと、夜になると次の部屋にいて障子のすき間から窺っていた。すると女の姿は見えないが、多仲に向かって話す声に親しみがこもっている。しかし声が聞こえるだけで姿形がないのに気付き、これは故郷にいたとき特別な関係をもった女だろう、その女の生霊か、もうこの世にいない亡霊が訪ねて来たのではないかと考え、毎晩寝ながら様子を窺っていたが、はっきりしたことは分からない。実は多仲が死んだ後になって全てのことを調査してみたが、不思議なことは発見できなかった。たいそう変わったことなので、この経緯をすべて記して送ることにした

手紙にはこのようなことが書かれていた。追伸として、故郷で仲良くしていた女などがいたら知らせてくれと書かれていた。細字で書かれ、とても長いものだった。

神主はこれに目を通して、いったいどのような原因があるだろうかと言った。住職は「思い当たることがある。多仲は医師の家の養子となったが、訳があって離縁したのだ。そのとき養母がその離縁を残念がって、最後にもう一度会わせてくれと要望するんだ。そ

れで多仲を養家に挨拶にやらせた。そのとき別れを惜しんで養母は遠くまで送っていった。だが近所の人たちがもういいでしょうと言って、家に連れて帰ってきた。

離縁してからの多仲は体調が良くないので気分転換を図るため江戸へ行かせた。それで江戸での生活を続けていたのだ。そんな事情があったので臨終のときに、養母の霊が慕って来たのではないか。よく聞いてみるよ」と言った。

後になって聞くと、住職は養家の方へ詳しく問い合わせたそうだ。それによると多仲と離縁したころ養母は病気だったが、その後死んだということだ。その日数を調べてみると江戸の多仲のところに幽霊が現れたのは、二七日《ふたなのか》にあたる夜のことである。その夜から続いて起きたのであるから、それは養母の霊の働きによると住職は話していた。

これは引馬野の方に伝わっている話で養家の方はどうなのかと、私（中村乗高）は三年ほどかけてようやくその養家を聞き出した。その話は多仲の養家に出入りして、多仲が養子になったころもまた離縁したころも健在であり、養父や娘の死後までも出入りした老婆《うば》から聞き出した。

それによると養母は多仲をたいそうかわいがっていたので、亡霊になって江戸まで行き、多仲が病気のとき看病したと言われていた。そのころ、真相を知るため養母の兄弟が江戸へ出掛けた。また養家の娘の話すことによると、多仲が病気のときに母の亡霊が江戸まで訪ねて行き看病したと、そのころ伯母たちが話していたという。

多仲が養家を自ら決意をして去ることにしたのは、養母が実の子以上にかわいがったためだという。気持ちはありがたいが自分も十八歳であり、この家の娘が成長すれば結婚する約束なので、多仲は家庭の事情を察したのであろう。

老婆の話では養母（当時三十二歳）と多仲が不義をしたということは、全くなかったという。常に出入りして養家の日常を知り尽くし家族の顔色まで窺っていた老婆には、そうした空気は肌で感じられたのだ。

養母にとって多仲はわが娘の婿になる人間であり、かわいかったということは、単純に自分の子となる人への慈しみの感情から出たものである。しかし多仲ももはや青年であり子供扱いに耐えられなかったのであろう。そのうえ当の養母が二月に法多山へ近所の人たちと連れ立って参拝した。そのとき風邪をひき、それが原因で肺結核になり寝込んだ。養母の夫である厳格な父との関係も考慮に入れ、多仲は離縁を選んだものと思われる。

今までのさまざまな事情を考慮してみれば、養母の亡霊だったことは明らかである。多仲と離縁した後で養母の兄が江戸へ出掛けたのは、多仲の下宿していた家の主人が体験したことを、会って聞きたかったからであろう。しかし今となっては、その経緯がよく分からない。養母は同年（安永七年）十月十八日に三十二歳で、その肺結核が原因で死亡した。このことから考えると二七日《ふたなのか》は十一月一日か二日であり、そのころに養母の幽霊が付き添ったものだろう。

あの細字で書かれた長い手紙を出したのは多仲の下宿していた家の主人であるが、本人も事実のことか分からなかったようだ。このことについて養家の近所に住んでいた老人に聞いたところ、幽霊となって看病したことは事実のことだと言っていた。場所の地名もはっきり分かっているが、それは秘密にして石室秘録として残すことにする。

《解説》

幽霊は面白半分に現れるものではない。残してきた肉親などに何か知らせたいこととか頼みたいことがあって現れるのだ。

人が亡くなれば皆あの世（幽界）へ行く。そしてそこで、その世界の決まりに従って定められたことを行い、定められたように行動する。このため既に去ってしまった元の世界のことを考え、そこへ戻って生前のように行動することなど許されはしない。そんな行動に出る者はほとんどないといってもいい。

例えてみれば、外国へ旅行しようとする人が飛行機の切符の手配を済ませ予定どおり家を出る。家族には行き先と旅行の日程や予定を伝えて安心させて旅立つのだ。それなのに、ひょっくり戻って来ることがあれば、持っていく物を忘れたか、緊急な用事を想い出してそれを伝えにきたのかと考えるだろう。留守の家族はそう思うが、異常なことが起きたものだと感じるだろう。

死んだ者が幽霊となって出るのはそれと全く同じことで、まれもまれ、めったに起こるものではない。だが、その幽霊自身には現界に戻ってでも伝えたい、知らせたい頼みごとがあって、やむを得ず規則を破ってまで関係者の前に姿を現すのである。しかし誰でも、あるいはいずれの場合でも、というわけにはいかない。幽霊として現れる準備が出来ないことには、また他のそれに協賛してくれる幽界の人々の存在と援助がなければ不可能なことだ

また戻って来る現界の方にもそのような現象、すなわち幽霊として出て来られる条件というか、環境が整っていなければやはり駄目なのだ。それはエクトプラズムといって、幽霊が人の目に触れることが出来るほどに姿形を現す要素が入手できなければならない。その現れる相手方にエクトプラズムを発生し得る人間か、その他動植物などがあれば条件は

整うわけだ。が、これはごくごくまれな話であって、実際はほとんど可能性がないといってもよい。

しかし世の中は広い。多種多様な人々がいる。永い年月の間にはこのように現界幽界を通じてぴったり条件の合うこともあって、幽霊の出現となるのだ。

芝居気を起こし人々を恐怖に陥れようと興味半分に出るような幽霊は絶対にない。そこには言うに言われない切実な希求があって現界へ戻ってくるのだ。

この話のなかでは江戸に働きに出ている夫に自分の死ぬことを伝えて、残される二人の子供の養育を頼みに来た妻のことが出ている。夫は場所もあろうに吉原へ遊びに行き、遊女と寝ている。その枕元に現れたのである。現れるにふさわしい環境とも思えないが、夫か遊女がエクトプラズムを出し得る人物だったかも知れない。帰りに火の玉が胸に当たったというが、これはその妻が夫の出てくるのを待って念を押したものだろう。

世話になったお礼を言いたい、何かを知らせたい、頼みたいと思うこと以外に、人々に一番受け入れられる理由は、その人間に恨みをはらすことだろう。無念な思いを伝える。これらのことで胸が晴れなければ成仏できない、向上できない、そのように思い詰めた気持ちがあり、この思いに駆られてその相手の前に出ることはあるだろう。

この話のなかで、病気で苦しんでいるのに親子とも捨てられ、その夫は他の家へ下男奉行に出てそこの女中と関係を結ぶ。死んでも、ろくに供養はしない。これでは浮かばれないと誰しも思うだろう。女中と浮いた話をしている現場に出たというが、当然のことだと、この話を読む者は納得するだろう。また他家に嫁いだが病気のため亡くなった。ところが夫はすぐに再婚してしまい、私の供養も放ったらかしにしている。行くところへ行けず寂しいので実家へ戻ってきた。仏壇のところに座っていると弟の嫁に見られる。嫁は若いので驚いて、これまた実家へこの事態を伝え助けを求める。これは中村乗高さんが実際の話かどうか、発生した駿東郡の知人の所に江戸からの帰りに寄った。そして当の幽霊を見た女の弟に会い、事実であることを確かめている。

感心していい話もある。一度はわが娘の婿と定めた若者が江戸に出て重病に陥ったとき、その娘の母が死後幽霊となって看病に行った話。また母が亡くなり、年老いた娘だけが残った家に入った両養子の話だ。最初は心掛けが悪かったが亡き母の命日の日に亡母のはからいもあって、養子夫婦と関係を取り戻した。昔のことがうそのように仲良く暮らすことになったのだ。幽霊の話とも思えない心温まる思いがする。霊の働き掛けで暗闇の中でも着物の柄が見えることなど当たり前な話である。

資料として以下に紹介する話に参考になるものがある。ある家に引っ越してきた巡査部長の枕元に、そこの家で三カ月前に夫によって殺された妻が現れ、事情を述べてその夫が北海道の炭鉱の飯場にいることを伝え仇をうってもらったことだ。床下から死骸が出て殺人が立証された。これは必要あって現れた幽霊の典型的な例である。

その妻が巡査部長にこのことをお願いしようと出たとき、今までこの家を借りた人は皆驚いて私の話を聞いてくれようとしないで逃げたと言った。なにより用があって出てくる事情を物語っているのだ。まったく幽霊が出たら、何のご用がおありでしょうかと聞くくらいの余裕を持ちたいものだ。

また夫の看病に現れ、氷袋の氷を取り替えた幽霊の妻の例もある。

――参考資料――

●亡霊のおかげで事件解決（草間雅翠「大法論」昭和29年より）

京橋警察署に（当時一区一署時代）新たに巡査部長が転任してきた。早速に管内に移って来なければならぬ（当時管外に居住は許されていない）。どこか貸家はないかと捜していた。

それで巡査諸君に適当な貸家が見つかり次第知らせてくれるように依頼した。

築地二丁目にまもなく貸家のあるのを知らせてきたので、すぐに行ってみたところ、部屋も多く、適当と思われる家なので、家主に交渉をすると、とても格安であったので、喜んで引き移った。

移ってから二、三日は何事もなかったが、ある日の真夜中に巡査部長の枕元へ、中年の婦人が髪を乱した姿で現れ「もしもし」と呼び起こすので、ふと目を覚ました。見ると薄暗がりに青白い婦人がいるので瞬間「ハッ」としたが、そこが職業柄でしばらくしてから落ち着いて「真夜中に何者か」と問い返した。

その婦人は「よくお聞き下さいました。今までに幾度がこの家に越してこられた方がありますが、私が訴えようとしても私の訴えを聞くどころか夜具をかぶってしまって、ぶるぶる震えているばかりで、次の日は早々に引っ越してしまいました。あなた様は、よくお訊ね下さいましてありがとうございます。

実は私の内縁の夫は、二、三月前、夫婦喧嘩をしたあげくの果てに私を殺して、この家の床下に埋めて、今は北海道に行って岩見沢石炭鉱山の飯場で働いています。どうか捕えて処刑して下さいませんか、お願いです」と言うや姿は消えてしまった。

翌日、巡査部長は署長にこの話をして、床下を捜査したところ、まさしく中年婦人の死骸が現れた。

そこで署長に「私を北海道へやって欲しい」と願い出て、彼は北海道へ渡り、その飯場を尋ねると、はたして枕元に現れた婦人の言う通りに、加害者は働いていたので、東京へ連れ戻った。犯人はついにそのことを自白し処刑されたが、幽霊のいることを信じて刑に服したのであった。この話は、私が署に勤めていたときに、じきじきに聞いた話である。

●亡妻病夫を看護す（鈴木大八「心霊と人生」15巻8号より）

大正五年ごろの話、大阪市九條中通一丁目一の八に居住していた尾崎茂一氏の妻いちは、腸チフスにかかり、同市桃山病院に入院したところ、経過が悪く二人の子供を残したまま同病院で死亡した。

茂一氏はその時既に両親はなかったので、いちの死後は家事手伝いのためいちの母が実家から来ていろいろ世話をしていた。

その後茂一氏も流感になって高熱が出たので、看護婦に来てもらい自宅で治療していた。あるとき看護婦が夜おそく氷袋を取り換えて寝たのだが、夜中過ぎに病人は氷袋が生温かくなっているのに気付いた。ああ気持ちが悪い、誰か来て取り換えてもらいたいと思っていると、病室のガラス障子をスーッと開けて入って来たのは、まぎれもない亡妻のいちであった。

にっこり笑い氏の枕許に座り、氷袋を取り換えてくれてどこかへ立ち去った。

はて今のは幻影であったろうか。それにしては氷袋が冷たくなっていて良い気持ちだ。妙なこともあるものと思いながらいつとはなしに眠ってしまった。

夜が明けてから看護婦が来て氷袋を調べると、入れ換えて置いた氷はそのままであるので不審に思い、いちの母に尋ねてみたが知らないと言った。いよいよ不思議なので病人に誰か来て取り換えたか聞いてみると、昨夜の出来事を話すので、それでは亡妻の霊が現れて看護したに違いないということになった。

それに不思議なことには、氷の破片が傍らの机の上に置かれていたことである。その氷はいったいどこから持って来たものか。恐らくこれは亡霊が氷袋を取り換えに来た際、これは前の分の溶け残りであるということを示すための計らいであったように考えられる。

この奇現象に会ってから氏の病気は次第に快方に向かい、間もなく全快してそれ以来氏は霊魂の実在を信じて疑わなくなったという。

●愛児を守る戦死者の英霊（鈴木大八「心霊と人生」16巻2号より）

某官庁に奉職するY氏は、今度の支那事変で本年六月出征したところ、九月十一日の午後八時三十分戦死の公電が同十四日に到着した。

家には七つになる女の子と、三つの男の子があり、それに奥さんは妊娠中のこととて、いっそう銃後の守りを固くしていた。それにこれは後に分かったことであるが、ちょうど夫君戦死のころから何とはなしに気分が悪くなり、滅入り込むような心地がして家事のことなど一向手にもつかず、しきりに世の中がイヤになってきたという。

さて公報のあった十四日の晩には、親戚や友人の弔問客が絶えることなくやって来てざわめいている最中、彼（戦死者）の三つになる男の子が入り口の窓の方を指して突然「アッ、お父ちゃんが帰って来た」と言う。皆の目はその方向に注がれたが、何の影も見えない。「お父ちゃんはもう帰っては来ませんよ」と沈痛な面持ちで言い聞かせる母の言葉をさえぎって「お父ちゃん、そこにいるではないか」と言って承知しない。一同は静まり返って、しばらく異様な感にうたれていた。

その翌日より毎晩八時半ごろになると、その子供は独りで表へ出て、楽しそうに砂遊びをしている。その様子が一人ではなく、誰か相手がいるように見える。こんなことが三日続いたので、見るに見かねた母親は表へ駆け出して「子供は立派に育てますから、どうぞ安心して護国の神に鎮まって下さい」と言って、子供を家の中に引き入れた。

それ以来出ては来なくなったという。Y氏は生前に特別この子をかわいがり、役所から帰るとよく一緒に砂遊びをしていたという。それゆえ、父に対する子供のあこがれと幼児を思う父親の愛着とが相感応して、このような現象をみせたに相違ない。

●幽霊の読経礼讃 （渡辺天囚「心霊と人生」5巻2号より）

甲州では（恐らく他の地方でも）盆のときには僧侶が檀家のところを回って、読経していくのが習慣になっている。

これは富士山の麓に近い右左口《うばくち》峠の近くの奈良村での出来事である。檀家の山田某の家で仏壇に向かって僧侶が熱心に読経していた。するとその僧侶のすぐ横に座ったまま敬虔な面持ちでじっと頭を下げている女がいた。

顔は見えぬがアカににじんだ黒っぽい襟元をみせた二十歳前後に見える娘である。着物は粗末のもので夏着である。その縞もよく分かる。帯はメリンスらしく見えるが、ずいぶん洗いざらしたものでしかもアカじみている。

自分の身辺にこの女を見た僧侶は、この女がなんとなく影が薄いように思われてならぬので、振り向いてじっと見た瞬間に女の姿が突然消えてしまった。幽霊だったのだ。

読経後に僧は別室で膳に着いていたとき、それとなく家人に尋ねてみた。「この家には娘さんで亡くなられた方はありませんでしたでしょうか」と。この結果左の事実が分かった。

その家には以前少し知能の足りない娘がいた。無口でおとなしい娘であったが、あるとき相手が誰とも分からない子を身ごもった。家族が心配してさまざま尋ねてみたが、要領を得ない。厳しく問い詰めると、裏の井戸に飛び込み死んでしまった。

僧侶の前に現れたのは、死んだときの着物姿のままだったという。

●フラマリオンについて

フラマリオンはフランスの有名な天文学者で、中村乗高より百年ぐらい後に生涯を送った人である。中村さんが文政十年に亡くなっているが、それより十五年後の天保十三年に誕生して昭和元年に没している。当時としては長生きした学者である。

フランスの天文学協会の設立にも貢献している。いっぽうこの人は心霊研究を行い自らも自動霊媒として霊能を発揮した。死の二年前の一九一三年にはイギリスにある心霊研究協会（SPR）の会長に就任している。

晩年にはテレパシーが生者間に存在するように、死者と生者との間にも同じく存在することを認めた。しかしフラマリオンの功績は一般社会に呼びかけ幽霊調査を行い、実に四二八〇の例を集めて検討したことにある。幻視の一八二四の例の中で七八六の話が真実のものであると認めた。

このように収集した資料を用いて有名な三部作である「未知の世界へ」「不可思議の世

界」「死とその神秘」の著書を世に問うている。

心霊研究は優秀な霊媒を使って心霊現象実験を行い、それを観察して霊魂の存在やその働き、機能などを調べるのが一般的なやり方なのであるが、フラマリオンは社会生活のなかで人々の間で起こる偶発的な心霊現象（幽霊・夢・生霊・テレパシー）を広く収集してそれらを比較研究し、その帰納した事実から客観的に霊魂の存在を認め、働きや機能を知る方法をとったのだ。以下、フラマリオンの著書からいくつかの事例をご紹介する。

●瀕死の人よりの霊感および幽霊の出現（フラマリオン「不可思議の世界」より）

私の兄は第七連隊に属してセバストポールに出征していた。私たちの間にはいつも手紙の往復がなされていた。

ある時兄からたいそう悲観的な内容の手紙がきたので、私はもっと元気を出すように手紙を書き、兄に万一変事があった場合には、二人が少年の時よく家族に隠れてタバコを吸って話し合っていた部屋に現れて知らせてくれるようにと伝えた。

その後、兄はレダンの攻撃に加わり、隊長が倒れた後に敵陣目ざし突進すると、敵弾に当たり倒れてしまった。それは一八五五年九月八日であった。*私はその日ふと目を覚ますと、淡もやのなかにひざまずく兄の姿を見た。

私は思わず声を掛けようとしたが、どうしても口がきけなかった。恐れたわけではないがベッドに潜ってしまった。

私たちは子供の時から迷信を持たないように育てられてきたので、幽霊の存在など考えてもみなかったのである。私はしばらく気を落ち着かせて、再びその場所を見ると、兄は依然としてひざまずいて悲しい目をして私を見ていた。私はベッドから飛び出て戸外を覗くと、暗い空から雨がしとしと降っていた。私は幽霊の側を通り抜けて戸口のところまで行き、もう一度振り返ると、兄はクルリと私の方を向いて、苦悩と愛情に満ちた表情をして私を見送った。

そのとき私は兄の額に傷があり、血がにじんでいるのに気付いた。兄の顔はロウソクのように透き通っていた。私は慌てて従兄のいる部屋へ駆け込み、その夜は長イスの上で夜を明かした。翌日、私は家族にこのことを話したが、父はそのようなことを口にするではないと、他言を禁じた。

次の週の月曜日、レダン占領の戦報とともに多くの死傷者の出たことを知らせる公報がもたらされた。

それから二週間たって兄の戦死が伝えられた。兄はやはり額をやられて戦死したのだった。軍服のポケットには聖書と、私が「変事があったら知らせてくれ」と書いたメモが入っていた。

（オリバー中尉報）

――＊〈勝又注〉ここの状況はエクトプラズムが淡もやのように漂っている中に兄の姿が物質化（幽霊）したことを述べている。エクトプラズムは弟の身体から出ているので、弟は一時しゃべれない。

○

その家の廊下には北向きの大きな窓があり、二階に通じるハシゴを明るくしていた。私の書斎はその窓と向き合い廊下のはずれにあった
ある日の午後、私は書斎を出ると、つき当たりの窓の下がモヤでいっぱいになっていた。＊
そして見ている間にモヤが一カ所に集まって人間の形になったが、頭と肩だけがはっきりとしていて、腰から下はぼおっとして長い着物の裾のようなものが床を引きずっていた。幽霊には色がなく、ちょうどモヤで造った立体像のようであった。

幽霊は首を私の方へ向けたが、それは間違いなく私の親友の顔であった。その時の優しく神々しい顔つきは一生忘れることの出来ないものだった。友の姿は煙が消えるように、いずことなく消え去ってしまった。

翌日、私の許に手紙が届いた。それは友の急逝を知らせるものだった。（教会通報）

――＊〈勝又注〉ここの状況はちょうど物理霊媒の実験会の模様を表しているようだ。モヤ

はエクトプラズムであるが供給源はこの描写だけでは分からない。「モヤが一カ所に集まって人間の形になるが、腰から下はぼおっとしていて」以下の描写はエクトプラズム不足を示している。

○

一八六七年十二月十七日の夜のことである。そのころ私は二十六歳であった。私はベッドに座って、前年の夏、海辺の避暑地で親しくなったマルタという若い女性のことを想い出していた。私の家は彼女の家族と付き合っていたので、マルタと私とはじきに親しくなり、間もなく愛し合うようになった。

それなのに私たちが結婚式を挙げる前夜、二つの家族は突然トラブルを起こし、私たちの結婚もむなしいものになってしまった。そしてマルタはトールースへ私はグルノーブルへと東と西に別れてしまった。けれども私たち二人の心は変わらないままでいた。マルタには多くの縁談があったが、私のため全てを断わった。

私はなおも楽しかったころの想い出に浸っていると、誰か部屋の戸を開けて入ってくる気配がするので、ふと目を挙げると、それはマルタであった。*彼女は白い洋服を着て、ふさふさした金髪を垂らしている。その時、時計が十一時をうった。

マルタは静かに私の傍らに来たので、いきなり手を握った。氷のように冷たい手だった。

私は思わず声をあげると、それと同時にマルタの姿は消え、私は氷の入ったコップを手にしていた。

私はその翌日、愛するマルタが前夜十一時に私の名を呼びながら息を引き取ったという知らせを受けた。 （シャック・スエー記）

――＊〈勝又注〉ここの描写はエクトプラズムの特徴を示す。脱離した幽体の物質化である。

2　夢

奉公中の夫の病死を夢で知った妻

文化元年の冬のことである。上郷の吉太郎は大名の江戸屋敷に奉公していたが、故郷にいる妻がある夜夢をみた。その夢というのは吉太郎がこちらに帰って来て「子供の祝いの日が近づいたので雪駄を買った。仏壇の下に置いておくから」と言ったというものだが、そこまで見ると夢がさめた。

妻はたいそう不思議な感じがして、夜が明けると早速そのことを周りの人たちに話した。そして、もしや夫の身に何かがあったのではないかと思えて、あれやこれや気をもんでいた。

ところがそのときから間もなく、江戸屋敷から吉太郎が急死したという知らせが急便で届いた。やはりそうだったのかと落胆して悲しんでいたが、不思議に思えて書状にある死亡の日付を見ると、先日の夢をみた日と同じであることが分かった。

奉公中の死を仲間と間違えられた人の夢

笠原村に仁太夫と十右衛門とが住んでいた。そこは共同の管理地だったので、二人の代官が支配していた。この度、両家の江戸屋敷より労務に従事する者を故郷から呼び寄せることになり、その通達が代官のもとに届いた。

そして別々の屋敷ではあるが、仁太夫と十右衛門とが労務につくよう同時に命じられ、二人は揃って江戸へ向かった。江戸屋敷では労務者に符丁として名前をつけるが、両方の屋敷では偶然なことに二人とも仁平という名を付けてしまった。それからは出し入れする書状にも仁平、仁平と記していた。故郷では屋敷の名前を肩書きにして、どちらの仁平か判断できるようにしていた。

文化八年のことである。仁太夫仁平が病気で亡くなった。江戸屋敷で死んだので、同じ村の十右衛門仁平はその知らせ受けて、仁太夫仁平のいる屋敷へ出掛けた。すぐ彼の部屋へ入り、形どおりの後始末をあれやこれや行った。死者の髪を急便の中に入れ故郷へ送らねばと思っていると、屋敷の係りがその髪を出してきた。ところがそのとき肩書きを書き違えたのか、送られてきた故郷の方で見違えたものか分からない。

　急便を受け取った名主は何事かと手紙を開いてみると、仁平が病死したと書いてあるではないか。髪もある。名主は仁太夫仁平ととり違えて十右衛門仁平が死んだと発表してしまった。

　そして妻を呼び、そのことを読んで聞かせた。髪も渡した。

　妻は驚き途方に暮れたが、どうすることもできない。とりあえず受け取った髪を形見として、自分の髪も切り一緒に揃えて墓地に埋めた。そこに墓標を立てた。その後先立った夫を慕い法事を行ったが、まだ現実のこととは思えず悲しかった。先行きの暮らしはどうなるのだろうかと心細く涙で袖を濡らすこともあった。突然の別れなので、なんとも辛かった。

　ところで江戸では十右衛門仁平が毎晩同じ夢を見るようになった。あの仁太夫仁平が自分のところへやってくるのである。生前の姿のままで生きていたときと変わるところがなく、実際に会っているみたいに感じられるのだ。そんな夢を一晩も欠かすことなく見る。不思議に思え何かあるように感じられるので顔を合わす人たちにそのことを話した。けれどもその人たちは、仁太夫さんはあんたと同じ村の人だし一緒に江戸へ来た仲ではないか、彼の面倒も親身になって計らってやったのでお礼を言いにやって来るんだ。恨んでなんかいないと言った。

だが幾日たっても同じ夢を見るので奇妙に感じられ、そのことを故郷へ急便で書き送った。その手紙が名主のところへ届くと、手紙の書き主は十右衛門であることが分かり、どうしたわけなんだろうと驚いて読んでみると、死んだ仁太夫仁平が毎晩夢に現れたことを書いてある。

それで調べ直してみると、病死だったのは仁太夫仁平であることが判明、これはとんでもないことをしてしまったと、十右衛門、仁太夫の両方の妻を呼んで一部始終を話して聞かせた。

二人の妻はびっくり仰天した。一人は突然襲った悲惨な現実に、一人はその逆の吉報に身をおくことになった。死んだはずだった十右衛門は健在であることが分かり、仁太夫の方は死の事実が間違いないのである。十右衛門の妻は生き返ったような思いがしたが、仁太夫の妻は突然襲った不幸に驚きと悲嘆を隠すことができなかった。

まったくこれほどまでの人違いはめったにあるものではなく、十右衛門の妻はとんでもないことになったと、埋めた髪を掘り出して自分の髪を分け、仁太夫の妻に渡した。仁太夫の妻はまだ現実のことには思えないまま、夫の妻に自分の髪を切って添えて自家の墓地に埋め、夫なき後の法事を営んだのである。

さて江戸にいる十右衛門仁平はまだ不安にかられていたが、その後は何事もなくて済み故郷へ便りを出してからは、そうした夢を見ることがなくなった。

これは人違いをし、故郷で誤った法事をしたので、毎晩のように夢で知らされたのではないか。不思議なこともあるものである。

養子が夢で秘薬のつくり方を教わる

ある家に代々製法が伝えられて、効能の優れている薬があった。それを商い営業してきたが、家族を養うめしの種なので主人は製法を秘密にして家族にも伝えなかった。

ところが主人は老齢になり、あるとき子供のないのを悲観して外から子供をもらい、養子として家を継がせることにした。しかしその養子も若いので、薬の製法は伝えないでいた。ところが歳月がたつうち、主人は急な病で亡くなった。製法も伝えられないままだった。

その養子はそのことを残念に思い、家の蔵書をさまざま当たってみたが、製法を書いたものはついに発見されなかった。

こうして製法の分からないのを嘆いていると、ある夜の夢に主人の養父が生きていたときと同じ姿で現れ、養子を呼んで薬の製法を教えた。ひと通り教わると夢が覚めた。どうも不思議な夢だと思いながらも教わったことを忘れてはならないと、布団から這い出ると教わった内容をメモして置いた。そして夜が明けたので、それとなく老母や家族に製法のことを質問してみた。だが皆は薬の内容を知らないので、聞くのも無駄なことだった。

それで養父が薬の原料を仕入れていた問屋のあることを想い出し、あそこへ行って試しに尋ねてみようと思い、出掛けていった。そして養父が購入していた薬はこれだったただろうか、と品々を指して尋ねた。するとそこの主人はいつも自分の販売していたものなので、そうだ、それだと話すので、夢で教わったことは間違いのないことだと確信がもてた。

それなので喜んで原料を購入してきた。家に戻りさっそく夢でみた製法通り薬をつくると、これが成功した。完成した薬を患者に与えると、これまたよく効くので、この製法でつくった薬がこれだと納得でき、再び家伝薬として販売していくことになった。

しかし夢で伝えられた製法で作ったのだと宣伝しては、客たちに信頼されないので、その夢のことは一切語らないことにしていた。そのような事情があるので、私（中村乗高）は秘密を守る約束をして聞き出したのである。普通のことだったら夢で教わったありがたいものだと宣伝できるのだが、そのようないきさつがあるので控え目に語らなければならなかった。

京都の夢で両親と会い帰郷、相続する

長江村の江塚に住む者が安永の初めごろ、京都に出掛けある塾に寄宿していた。ある日誘われて大阪に行き、町の景勝地をあちこち見て回った。するとと突然、故郷にいる両親のことが想い出された。うれしく甘えたい気分になり、自分でもおかしいと感じられるほどになった。どうしたものだろうか、何か落ち着かない。だが、一人で京都に戻るのも変だ。京都へ戻ったところで、両親に会えるものでもない。また寄宿生として理由もなく故郷へ帰るわけにもいかない。それなので連れの人たちと一緒に大阪を見てから戻ろうと、思い直した。

それからはここ、あそこと見て回ったが、両親のことが頭から離れず、見物していても面白くなかった。そのような合間にもしきりに気に掛かるので、たまに来た大阪だったが不本意ながら見物を終えると、仲間たちと共に京都へ戻ってきた。連れの人たちは酒屋に寄って帰京を祝ったけれど、漠然とした不安は去らず、一同と解け合う気持ちにもなれずわけを話して一足早く帰ってきた。

宿舎に帰ると、門前で故郷からはるばるやって来た飛脚と出会った。驚いてすぐさま何が起きたのかと尋ねると、両親が大病なのであんたを迎えるために来たのだという。ああやっぱりそうだったのかと思い、宿舎に連れていき詳しく聞いてみると、手の施しようのない難病だという。どうも存命中の対面は難しいようである。

すぐに故郷に帰ったが、両親は既に亡くなっていた。それを聞き、悲嘆にくれながらも考えた。両親の病気は治療の効かないものだったというが、闘病中のことをあれこれ聞けば、かえって後悔することになるだろう。それが死後の両親にとって向上の妨げにもなろう。

そう考えられたので家族や親戚の人たちにも「難病だった両親の病気中の様子を最初から聞くのは当たり前の話だが、このように死んだ後になってからでは無駄だ。皆も百カ日が終わるまでは話さないでくれ。過ぎたことを聞いても後悔するだけだから」と言った。

それからは家の相続などで話すときには、京都にいたころの話や故郷を留守にしていた間の雑談はしたが、両親については触れなかった。毎晩みる夢は両親が生きていたころのように囲炉裏端にいて、家督相続のことを話すのだった。そんな夢をたびたび見た。両親の着ている着物は、いつも同じだった。

そんな夢が続くので、両親が臨終のときに自分は遠くにいて会えなかった。相続のことを話さないでいたことを悔やみ、死後もそのことが頭を離れないだろうと推し量った。そのことを独りで悩んでいたので家族は気付かなかったが、寝ているときに大声をあげた。何かものに襲われるようなので家族は心配になり、どんな夢を見たのかと尋ねたが、話そうとはしなかった。百カ日を過ぎた頃、親しい人たちを呼んで葬式のとき両親はこのようなものを着ていたかと聞くと、皆はその通りだと答えた。

家族や親戚の者たちはその様子に、どうしてそのことが分かったのかと聞くので、見た夢を話した。また京都にいたとき大阪の街を見物して回ったが、そのとき両親のことがしきりに想い出されて仕方がなかったと話した。そのとき両親の病気中のことや臨終の様子を初めて聞いたが、集まった人々も涙にくれて余すところなく語った。

それで死後の両親を安心させるため、相続を急いだという。これは江塚家の主人の語ったことである。

江戸奉公中、夢で妻の病死を知る

愛知の池鯉鮒《ちりゅう》宿に住んでいる八右衛門は労務に就くため、江戸屋敷に奉公していた。享和二年十二月の晦日の夜、同僚と一緒に部屋で寝ていた。すると故郷にいるはずの妻が、夢うつつのうちに枕元に現れ、八右衛門さまと呼び起こした。

私がここまで尋ねて来たのは、二人の子供の養育を頼みたいからです。これから先のことをよろしくお願いしますと言う。その声は確かに聞き馴れた妻の声だ。

だが夢をみたのか実際のことか、よく分からない。びっくりして飛び起きて周囲を見回したが、あたりはまっ暗だ。おう、と返事はしたが、どうしてよいか分からず寝てしまった。

明くれば正月元日で早朝より何かと忙しい。不思議なことが起きたことも忘れて、一日過ごした。しかし夜になって同僚たちにそのことを話したが、誰も信じようとはしなかった。馬鹿なことを言うなと言い放ち、相手にする者はなかった。

だがそれから間もなく、故郷から急便が来たぞと、走ってくる声が聞こえた。八右衛門はそのとき米を搗いていたが、手を休めることもしないで、わしの妻が死んだのだろう、その知らせだ、読んでみてくれと言った。

仲間たちは疑っていたが、開いてみると、八右衛門が言ったように十二月三十一日の夜に妻が病死したことを知らせていた。

夢のお告げの温石で病が治る

駿河国三輪村の三輪神社の神主、武藤左門の長男左膳は二十歳のころ、文化五年の七月五日の夜に難病になった。

いくらか快方に向かった八日の夜、ひどく苦しむので家族は付き添っていた。家族は五日より昼夜看病していたので疲れてしまい、病人が少し良くなったとき皆ウトウトしてしまった。すると左膳が夢うつつのときに、髪を長く伸ばした人が来て、病気は回復すると言った。だが温石《おんじゃく》（カイロ）を使えと言うので、なぜと問うと、とにかく今すぐに当てろと強く言われた。そのように言われたことを家族に伝え、急いで用意してくれと頼んだ。家族は半信半疑でいながらもほっとして温石を温めようと囲炉裏の火を掻き起こした。すると温めようとしていた人もないのに、瓦が灰の中に埋めてあった。これは不思議なことだと思いながらも温石の代わりに使うと、心地よくて間もなく病気が回復したという。

《解説》

正夢というか辻褄の合った夢は明け方に見るものだと言われている。起床時間より少し前の夢うつつともいえる瞬間に、ぱっと夢が現れる。深く眠っている夜中ではなく、眠りの浅い朝け方に見られるのが正夢である。

心理学の学者たちは疑問に付して本気には採り上げない。彼らは唯物的な学問の上に立つ心理学を専攻しているので、超常的な夢など研究の対象にしていないのだ。夢には正夢と雑夢があるが、一般的などうでもよい夢こそ人のみる夢だとして研究している。外部からの刺激、経験、願望など、こうした心理的な葛藤が夢となって現れるのだと言っている。フロイトのように夢を土台とした精神分析を行う研究者もいるが、こうした海外の学者たちの話を聞いても素人である私たちは、夢の理解はなかなか出来ない。かえって、こんがらがった理屈にとらえられて、正しいことは分からなくなる。

ところが夢のなかには数が少なくても正夢があるのだ。その解明には心霊研究による解釈も必要になると説かれる方が、よほど腑に落ちる気がする。理解ができるのだ。こうした正夢、それが超常的に生まれたとしても実際に役立つ、人間生活にヒントを与え危急を救うものであるなら、その途中のいきさつを学問的に究めなくても一向に差し支えないわけだ。

超常的に述べるならば、睡眠とは魂（幽体）と肉体とが分離することだという。なぜ睡眠が必要か、それは肉体（脳を含めて）に一定時間休養を与えるためだという。人間は幾日間か眠らないでいると、生命の維持ができなくなるという。これは肉体のみの休養ではなく、魂にとっての休養でもあるからだ。肉体と分離した魂（幽体）はそれ自体睡眠中に一定の刺激と霊的栄養を超常世界から受け取る。それをもって肉体を動かすエネルギーとして活用するというのだ。その必要のため魂（幽体）を自由にさせる。すなわち肉体から分離させて独自の機能が発揮できるかを検査され、必要と思われるエネルギーを受け取っているのだ。

考えても分かる通り、これほど複雑に組み立てられ、あらゆる働きをする人体を操縦するには自身の魂にしても、夜毎にオーバーホールをしなければならない理屈になる。まだまだ人体の正しい解明と複雑なメカニズムは分かっていないのだから、魂の概念を持ち込んでもおかしくないはずだ。

睡眠中には自己のスピリットは肉体の傍らで見張って待機している。深く眠っていても何かの物音、衝撃などが起これば肉体はすぐ目覚める。万一の場合にはこれへの備えができるのも、スピリットが傍らにいてくれるからである。正体なく眠り込んでいても、いつも守護の自分が見張っているのだ。こうした間にも脳の中の超敏感中枢（高級な神経中枢）には外からのスピリットが何らかの特殊な作用を行い、いわばこうした神経中枢を使って脳にその目的とする印象を与えることが出来るのだ。ただし、これはごくまれに起こることであって、普段しょっちゅう起こるものではない。

正夢は朝の明け方よく見るものと言ったのは、一晩の眠りで肉体の疲労がとれ神経が休まり活動できるからだ。スピリットが超敏感中枢を使いやすくなるという一面もあるわけである。したがって正夢が起こるのは自然の気まぐれによるものではなく、まだ知られていない生理作用の働きの一つと考えればよいだろう。正夢は実際に起こるものであって、これは江戸時代だから現代だからという時代を問わない。その時々の必要に応じていつでも起こることなのだ。

正夢は例えばある霊魂の働きを考えに入れねばならないだろう。夢の中で伝えたい、頼みたいと霊魂が人間に働き掛けて目的を達成するのだ。その必要があるからこそ、その人間に夢という形で伝達するのだ。この話のなかには自分の死を相手に、夫であれば妻に妻であれば夫に知らせる夢の話が三つ載っている。いずれもその後手紙でその事実を知らされているから、間違いないものだ。現代のなかの資料にも戦死を伝え、後に公報でその月日が符合していることを知ることになる。

またある事柄を霊が教えるものもある。薬の製法を先代が夢で養子に教えた。その作り方を教わったように実行してみると、かつて製造していたものと同じように出来たというのだ。現代の夢では隠しガネの在りかを夢で亡き夫が妻に知らせた。

これは話のなかにあったものだが、自分が死んだのに仲間と間違われたことを、その仲間の夢に出て正してもらいたいと頼んだ例もある。あからさまにその件を告げるのではない。だが三日も四日も夢に出て相手に疑問の念を起こさせ、それが契機となって行動を起こす。結局は正しい結末に導いていくのだ。

参考資料に示した現代のものでは、戦死した中尉が同郷の戦友に自分の死体の在りかを知らせている。また船の破損している状態を夢で知らされた船主の例もある。実際にあった話で、この船主は普段から心掛けのよい奉仕の精神をもった人だったという。
夢を見るにしてもこのように役に立つ、自己の生活を豊かにする夢を見ることが出来るのは、やはりその人の人格にかかわるものだ。この面でも人生は不公平には出来ていないものだと思う。夢は人生を豊かなものにするためにあるのであって、妙に曲解したり面白半分に興味本位に対処すべきものではない。これも人生における貴重な体験を生み出すものと、真摯な態度で接することが大切ではなかろうか。現界においても、超常世界においても物事は真剣に行われ、決して騒ぎ立てるようなセンセーショナルなものではないのだ。

――参考資料――

●夢じらせ（土屋多美「家庭朝日」257号より）

昭和十七年九月、ミッドウェーで日本海軍が大敗戦の直後でした。その十三日の朝はやく、夫出征の留守を子供と共に、実家である私方に来ておった娘が、ションボリと私の枕もとに来て

「今、お父ちゃんが私の枕もとに立ち『先に行って待ってるぞ』と言うと、そのままふすまも開けずに、隣の部屋へ行ってしまいましたが、ありありと見たその姿、その声、もしや戦死ではないでしょうか」と申すのです。

「ばかなことを言うものではない。お前があまり案じるので、夢でもみたのだよ」と笑ってすませましたのですが、念のためその日とその時間を記しておきました。

ところが暮れの十二月二十四日に、婿の戦死の公報が入ったのです。夢と笑った九月十三日午前五時「ガダルカナル島において戦死」とあるのです。日も時間もピッタリと合っているではありませんか。

この事実には、家族一同ただ涙をのんで、眼を見合わすのみでした。

●夢で船底の破損を知る（大年由五郎「心霊と人生」23巻12号より）

夢に雑夢というか、いわゆる五臓の疲れで見る夢もあるが、正真正銘、事実と符合した正夢なるもののあることは心霊科学によっても、これが立証されていることである。

私はこの種の夢を認めざるを得ない霊夢を近ごろしばしば見せられるのであるが、最近、ことに感銘の深い霊夢を、ハッキリと見せられたのである。

去る九月の二十六日の夜、夢というより、もっとはっきりした、うつつとでもいってよいか、夢心地で、私は、私の持ち船である第三号二神丸の船底にいる。それは、船底に「アカ」（亀裂）がはいって、このままで行けば、人命にかんする惨事も引き起こすべきである。その破損の個所を、未然に発見して、今一生懸命に船大工によって、その「アカ」の入っている場所を修繕しているのである。そこには私一人でなく、外にそれを手伝っている一人二人の人もいる。

こういった夢かうつつかの境から、ハッと目が覚めたのである。無意味な、いやな夢でもある。

実はこの持ち船の第三号二神丸について、私は、乗り込んでいる船長を絶対に信任して、今日までただの一度もこの船に関する限り何の心配も、また、何の気がかりのこともない持ち船なのである。その船について、しかも、この不安な夢を見たのである。

床を起きるなり、支度もソコソコにして、多分入港しているはずの横浜へ急行した。はたして船は入港していた。しかし、別に何の異変もない。ちょっと異様にも考えて、頭をかしげてもみた。が、しかし、何となく昨夜の夢が正夢であるとの自信が、ムクムクと湧いてくるのである。

「お前たちは、この船底にアカが付いているのを知らないか？」

この声を聞いた船長はじめ、乗り組みの者はその言葉を「何を言っているんだ」とばかり本気に聞いているものは一人もない模様である。

「冗談じゃない。アカなんか、入ってたまるものか」

やはり本気で聞いているものは一人もない
「ヨシ調べて見るよう、船大工を呼んで、ポンプで水をかえるんだ」

この私の言葉が、真剣であることが分かると、彼らは私が気でも変になったかと言った具合、誰も彼も半信半疑だ。が、船主である私のこの提議にはこれを無視することもできず、胸の中では「何のそんなことがあってたまるものか」といった態度で、いやいやながら、一人の者を走らせて船大工を呼びに行かせた。

いよいよポンプで水をさらうことになった。しかも、その破損の個所は彼らにしても思いもそめぬ、また、想像もしない個所なのではないか。初めのうちはばかばかしい気持ちでポンプを動かしていたことだろう。けれども次第次第と水をさらっているうちに、何か異なったことがあるようにも予感されてきたようだ。そこはやはり彼らの「勘」である。初めて反対に彼らも真剣になる。

「アッ！　アカだ」

船大工はとうとう破損の個所を発見した。それは、まがうことのない夢そのままの光景であり、しかも夢そのままの破損個所ではないか。

夢は、まさしく正夢であった。この夢こそまさに、守護霊さんの予知であるとより思われなかった。

●死んだ戦友が夢で導く（「新愛知」掲載　昭和15年9月16日より）

去る八月下旬、戦場に蒸し暑い夜が幾夜も幾夜も続いた時のこと、宜昌付近の工藤部隊の今田善勝中尉（新潟県出身）が奇妙な夢を三晩も続けて見た。

それは同じ任務に携わっていた田川利作中尉（新潟県柏崎市）がどこかの山中の奇妙な形をした松の木の下で死体となって横たわっている夢であった。

田川中尉は宜昌攻略戦において、揚子江沿岸の白洋付近で単身敵状偵察に赴いたまま行方不明となり、当時戦友たちが決死の捜査を試みたにもかかわらず判らず、同中尉の遺族たちのことを思う戦友を始め部下たちは、まだ暗澹たる気持ちを拭うことが出来なかった。

「もう一度捜査隊を出してみよう。草の根を分けても今度こそは必ず田川中尉を探し出してみせる」と不思議な夢の暗示に決然と立った今田中尉は、宜昌から遠く離れた白洋付近に毎日捜査隊を派遣し、自らも赴いて必死の捜査を行ったところ、去る三日ちょうど夢を見てから五日目に白洋西南方の山地に変わり果てた遺体を発見した。

しかも奇妙なことにはその付近の状況が夢に現れたのと全く同じばかりでなく、夢で見た奇妙な形をした松の木の根元に遺体が心ある住民の手で葬られており、貫通銃創を受けたのが致命傷となって立派に戦死を遂げていたので、捜査隊一行は思わず抱き合って男泣きに泣いたのであった。

かくて行方不明より三カ月を経て田川中尉の戦死はここに立派に確認され、その英霊は故郷の田川英子夫人の下に無言の帰還をしたが、戦友が同じ任務の後継者に働きかけて捜査隊派遣の手引きとなる夢を見せたという、この不思議なニュースは現在前線の話題となっている。

●亡夫が夢に貯金の隠し場所を妻に教える（「読売新聞」明治43年5月より）

神田区松富町に住んでいた松浦おぶん（四二）は、前年その夫に死なれて寂しく空閨を守り毎日亡き良人の位牌に向かって念仏をとなえるのを、何より楽しみとしていた。

するとある夜のこと、夢うつつともなく、亡き良人が枕辺に立ち現れ

「わしが存生のうち非常の時の用心にと思い、金十五円を戸棚の破目うらへ隠しておいたから、それを取り出して何かの資本の足しにするがよい」と告げると、掻き消すごとく立ち去ってしまった。

おぶんは、不思議な夢を見たものだと思ったが、翌朝早く起きて、その夢の知らせにあっ

た戸棚の裏板をはがして見ると、果たしてぼろ布に包んだ銀貨十五円が現れたので、おぶんは驚きかつ喜んだが、それにつけてもいまさらのように、亡き良人の優しい心根と、親切がうれしく覚えられるとともに亡き人が恋しく懐しく、その金包みを抱いて涙にくれているうち、いつか気が狂い出してしまったという。

●正夢物語（服部邦彦「心霊と人生」18巻9号より）

大正十二年九月一日午前四時ごろ（ロンドン時間）私は在ロンドンキリスト教青年会本部に寝ていて、映画のスクリーンを見るような一場の夢を見ました。初めは煙のような物がモヤモヤとしているだけでしたが、中から一人の老婆が孫らしい九歳ぐらいの少女の手を引いて出て来ました。

次に大風呂敷包を抱えた若い女が出て来て老婆としばらく話した後左右に別れ、幼女は一度転びましたがすぐに起きて老婆と共に右手に入りました。

私はすぐに目が覚めましたが、珍しくもひどく寝汗をかいており精神が不快で、近親に一大不幸が起こったと考えました。私と精神構造を同じくする者の脳からの放送波を私の脳が受信したのだと思いました。

その日の夕方青年会館の読書室にいると一人の英国紳士が、ロンドンタイムスの夕刊を差し出し、ここを読めと教えてくれました。見ると京浜地方大震災の記事があるのです。今朝の夢はこれだったと直感して、すぐに電信会社に駆けつけ安否を知らせてもらうよう日本に打電しました。

帰国後詳細を聞けば、横浜市西戸部町（現在中区）に住んでいました私の九歳の娘と祖母とは、九月一日午後一時（ロンドン時間同日午前四時）に火が近づいて来ましたので、火災保険金は取れるものと信じ、着のみ着のまま家を出て、女中は所持品を包んで抱え、一時互いに自由行動を取ることにして左右に別れ、祖母と孫は一夜野宿して知人の家に引取られたのでした。

なお、この朝ベルリンにいた某日本人は、夢に息子が「お父さん助けて」と叫ぶのを聞き急いでシベリヤ鉄道で帰国しました。

●睡眠の間に見る瀕死者の夢（フラマリオン「不可思議の世界」より）

私はいつの間にか食堂の長椅子に腰かけ読書していたが、人の気配に目を上げると、兄のリチャードが私と同じ椅子に座っていた。私は話し掛けたが兄は頭を下げるだけで一言も口をきかなかった。そして、ふと立ち上がり食堂を出たかと思うと、目が覚めた。気がつくと私はベッドの傍らに立っていた。

この夢がはっきりと心に残っていたので、私は食堂へ行って兄の腰かけていた椅子を確かめたぐらいである。

私は何か不祥事の前兆ではないかと思い、出来事を日記につけていた。一八八〇年三月二十五日の夜だった。それから兄は三日目の二十五日の夜、猟銃で狩りに出掛け不慮の死を遂げたということだ。

●睡眠の間に見る瀕死者の姿（フラマリオン「未知の世界」より）

私が修道院にいた時、ある夜すすり泣きの声で眼が覚めました。当直だった後輩はその少女の部屋へ行くと、その子は泣きながら「祖母さんが死んで自分を呼んだ、早く祖母さんの所へ行きたい」と言うのです。
皆は少女をなだめました。私たちは祈りを奉げました。祈りが済んでから一同は寝室に帰りました。
再び私たちは起こされました。少女は再び同じ夢を見たというのです。少女は祖母さんが死んだこと、家族たちと悲しい別れを告げたことや、祖母さんが孫娘に贈ろうとして集めた宝石の小箱を示したことなどを語りました
夜が明けました。

翌朝八時に私たちは部屋に集まり、授業の前の短い祈りを捧げていると、突然鈴が鳴ったので一同不思議に思っていると、一番年上の先輩が入ってきて、少女の祖母さんが前の夜亡くなったことを伝えたのです。

少女の見た夢は実際のことだったのです。（J・G）

○（フラマリオン「不可思議の世界」より）

私の叔父は一八七〇年の戦争に出征してメッツの戦争で捕虜となり、トルゴウに収容されていた。*ある日曜日に同じ仲間の数人が市街へ行くといって誘ったが、彼は気分が勝れないからといって断わった。一同が出て行った後は何となく気が滅入って耐えられなくなったので、ベッドに入って眠ってしまった。

夢は間もなく遠い故郷の父の家へ彼を導いた。見ると母が、父や叔母たちに取り囲まれて今まさにこの世を去ろうとしている光景がくっきりと目に映ったのである。

その時、三時を報ずる時計の音で目覚めた。

夕方仲間が市街から戻ってきたので、彼は「私の母親は、今日の午後三時ごろ死んだに相違ない」といって夢の話をすると、一同は彼の迷信を笑った。

しかしその後、故郷から夢が正確なことを伝えてきた。

――＊〈勝又注〉ここの記述内容は、「事実証談」の中で掲載した「京都にいたころ、夢で両親に会い帰郷相続する話」の次の一節とよく似ている。

「ある日誘われて大阪に行き、町の景勝地をあちこち見て回った。すると突然故郷にいる両親のことが想い出された。うれしく甘えたい気分になり、自分でもおかしいと感じられ……ここあそこと見て回ったが両親のことが頭から離れず見物しても面白くなかった」これは霊とのテレパシー現象である。

3　生霊

遊女と遊ぶ男、妻の生霊を見る

ある人が志賀浦という名の遊女に惚れ、足しげく通っていた。それを妻が知り、そのことを嘆いて男を恨むようになった。さらに男の仲間たちがやってきて遊女のところに誘うことも憎んだ。妻の悩みようが激しいので仲間たちも妻の心を察して、誘い出すことを控えるようになった。このようにして妻は朝夕、心を痛めて気の晴れるときがなかった。

そのせいか容貌も志賀浦より優れていたのに、いつの間にか痩せ細り、みすぼらしくなってしまった。それを見て親しい者たちは、男が遊女に入れこむのを嘆いての病だろうといって、遊びをほどほどにするよう注意した。だが男は聞き入れようとしなかった。そんなこともあり妻の悩みは積もり、肺結核になってしまった。

男も外へ出ての遊び事をやめ、妻の病気を心配するようになった。そんなことで遊女のところへも通わずにいたのを、あるとき伊勢講があってその会場へ行った。すると集まった連中が、その男に妻君の病気で家に閉じこもって看病するのもいいけれど、気が滅入って体調を崩すようではなんにもならない。だから今日集会があったことを言いわけにして志賀浦のところに行こうじゃないかと、男を誘った。

男もすっかり遠のいていた遊びなので、引き込まれて、その人たちと一緒に行った。だがしばらくぶりの遊びのためか、また妻のことを気に掛けていたためか、浮いた気分にもなれなかった。それでも馴染んでいた志賀浦の心のこもった持てなしにより間もなく愉快になり、時間のたつのも忘れるほどだった。

だが妻はこうした志賀浦との遊びを妬んで患ったのだ。したがって今日連中と出会ったのをいいことにして誘われ、ここに来たのだが、男はどうしたものかと悩んでいた。夜が明けてから帰るのでは、全てばれてしまう。それでも会場では手塚林平と仲間になっていた。ちょうどいい、林平とは特別に親しいので、ひそかに呼び出してその相談をした。すると彼もその男を連れて帰らなければならない立場なので、せっかく面白くなってきたのに途中で帰ってしまうのも残念だ。ともかく男をここに留めておこうと思った。それで、帰らなければならないのは分かるが、奥さんの病気は長びくし、ここへ再び来られるのも今度はいつになるのか分からない。まあ、ともかく今しばらく遊んでいきなよ、朝早くあんたのところへ、わしが連れて行くからなと言った。そして男を志賀浦の部屋に連れて行き、手塚は次の部屋で常磐という遊女と寝た。

その夜もすっかりふけたころ、男が手塚の部屋の入り口に来て呼び起こした。手塚は目が覚めてしまい、なんだ、まだ帰る時間ではない、夜中じゃないか、もう少し待っていなよと言った。だが男は何かものに怯えたように呼ぶので手塚も仕方がなく早く起きて、どうしたのだと尋ねた。すると男がひそかに話すのは、わしが志賀浦と寝ていると、志賀浦が何かに驚きあわててわしに抱き付くではないか。わしも驚いて目が覚め、どうしたのだと聞くと、あれを見てください、蚊帳の外にものすごく恐ろしい女がいます。私の方をにらみつけていると、恐れわななき口ばしるではないか。

怪しいぞと思ってよく見ると、枕元にまっ青な顔をして痩せ衰えた妻とそっくりな女が志賀浦の方をにらみつけて座っている。二人とも驚いて、わしは刀を執ろうとしたが刀はない。枕をつかんで投げつけようと起き上がると姿が消えてしまった。これは確かに妻の生霊だと分かった。

こんな不思議を見たからには、もうここには泊まることはできない。急いで家に帰るに限ると言うと手塚もびっくりして、それは妙なことだな、こうした奇怪なことが起きたのではわしだってここにいるわけにはいかない。一緒に帰るといってあたふたと夜のうちに道を急いで帰ってきた。

妻の死後亡霊が出たという噂もなかった。けれどもこの出来事はたいそう不思議なことだったので、手塚林平は妻が死んで少し経ってから男に聞くともなく聞いてみた。すると男はあの時の遊女屋のことを話すだけで、他のことは口にしなかったという。その男の住所を書くことを手塚は差し控えるように言うので、秘録にも記すことはできなくて事実だけをここに書いたのである。

病中の老母、生霊となり金銭を守る

山名村のある家の老母の話である。夫が病死した後で娘に婿をとって子が生まれたが、娘は産後の肥立ちが悪くて死んでしまった。そうしたこともあって婿を離縁してしまった。それからは孫の成長を楽しみに家事に励み、家族二人で暮らしていた。

その寛政年間のことである。このあたりに流行病がはやり、老母も病気になって寝込んでしまった。孫は幼く下男や下女だけでは看病が行き届かない。それで近くの親戚の人が代わるがわる付き添いにきて看病していた。

ある日医師が診察にきて病人の容体をみていたが、そっと親戚の者を呼んで声を細めて「私が脈をとろうと病人の手をとると、たもとに何か重い物があるようなので調べてみたらカネだった。このような病人が身体にカネを抱えているのは不用心だ。それに他の人が看病するとき紛失するかもしれない。そのような事態になったら私も疑われてしまう。主な親戚の人の中で誰かが病人が治るまでカネを預かり、老母を安心させてくれないか」と言った。

親戚の人たちは医師の告げたことに驚き、言われるままに安静が第一だと口々に言って隠しているカネを引きはがすように取り、老母の甥に預けた。その甥は親戚一同が並んでいる前で受け取り、自宅に帰った。ところが夜昼の看病に疲れていたので、カネを懐に入れたまま日が高いのに寝てしまった。すると夢で老母がやって来て、そのカネを寄こせという。それで目が覚めた。

看病疲れでこんな夢を見たのだろう、と再び眠るとまた同じ夢をみる。そんなことを三度繰り返すので、あわててそのカネを老母のところに返しに行き、親戚の人たちに事情を話した。集まっている人たちは老母の心を察して、血のつながりのある者でも、甥だと思わぬカネを手にして使い込まないとも限らない、その不安があっただろう。これは疑わないでもいい人に預け直そうと、老母の見ている前で他の親戚の人を選び、預けた。それからは再びそうしたことは起こらなかった。だが預かった人は疑われはしないかと恐れて、老母の病気は完全には治らなかったが、少し快方へ向いたころすっかり返したということだ。その経緯を医師が話してくれた。

相続のことで先妻の子を病死させる

ある家の妻は二人の子供を生んで育てていたが、成長を待たず病気で死亡した。文化初年のころだった。主人は中年者で子供は幼く、家事をやりながら子供を育てることは難しいので、後妻をもらった。その後妻も間もなく子供を生み、先妻の子をかわいがる余裕がなかった。それどころか辛く当たるばかりだった。

だが主人は世間とはそういうものだし、並みの人間のやることで仕方ないと諦めていた。後妻は自分の子が成長すれば先妻の子を外に出して、自分の子に家を継がす下心があった。

それで主人になにかとその話をした。だが主人は先妻の子に家督を相続させると決めているので、後妻の言うことを聞かない。それればかりか先妻の子に相続させると、親戚たちにも伝えた。それを聞き後妻は腹立たしく思って、先妻の子に意地悪く当たるようになった。

そのねたみや怒りが知らず知らず積もり、子供は病気になってしまった。年月がたつうちに病気は重くなったので主人は嘆き、悪い病気かどうかを易者に占わせてみた。すると女の生霊が祟っていて全快は難しいという。それで驚き、親類縁者たちとどのような女の生霊が祟っているのか調べてみると、一緒に住んでいる後妻の生霊であることが分かった。

主人も親戚たちも捨ててては置けず、その後妻を離縁した。そして神や仏に一生懸命祈願したが祟りは消えず、子供は死んでしまった。

これは不幸な出来事だとある人が書いたものであり、いつごろのことか年月は分かっているが、秘録として残しておかねばならない。

再びの交わりを拒んだ賢い女

遠州が遠津淡海の国と呼ばれるいわれは、古い時代には湖や入江が多かったからである。

また豊田郡の南はほとんど海の入江であったと、言い伝えられている。それに山名郡の西の地方も古くは入江であって磐田の海と言い、また今の浦といって、古い歌にもその名が見える所である。現在は干上がり、ほとんど田畑となってしまった。それでもそのあたりをなお今の浦と呼んでいる。

さてその辺りに住んでいた男のことであるが、宝暦年間にある女を愛人として囲っていた。だが妻をめとることになり、愛人が近くにいると目障りになる。それで友人たちは、どこかよそへやってしまえと言った。そのときちょうど仲人をする人があって、その女をある人のところへ嫁にやった。

その後男は結婚することになったが、まだ妻となる女を迎えないでいた。すると愛人とむつまじく過ごした日々の想い出が蘇ってきた。彼女を再び慕う気持ちが高まってきたが今となっては人の妻だから諦めるしかない。来る日も来る日もひそかに思いこがれるばかりである。そんな男の思いが伝わるのか、愛人は嫁に行ったときから気持ちが晴れなかった。うつうつとして家事も怠りがちに、ぼんやりと過ごすことが多かった。

しかし男の方は愛人がそんな状態になっているとも知らず、ただ会ってみたいと思うのみで、こちらもうつうつとしていた。気持ちが晴れずふさぎこむ毎日であった。

その揚げ句、男は我慢できずに愛人を嫁に世話した者を呼んだ。一度だけでいいから会わせてくれと熱心に頼んだ。その仲人も呆れたが、せっぱつまった顔付きなので諦めた。女の許に行ってこっそりと男の気持ちを語り、会ってやってくれと懇願した。そして女をその男の家に連れていった。

だが利口な女なのでつかつかと男のいる部屋へは入らず、次の間の顔の見える場所に手をついて、ご機嫌はいかがですかと声を掛けた。

男は近くに呼び、おまえがどれほど恋しかったかと、ありったけの気持ちを打ち明けた。すると女は、私のような身分の低い者を長いあいだおそばに置いて下さってありがとうございました。むつまじかったころの思い出のままに、また気持ちを惑わせました。このような私を呼んで下さって温かい心のうちを打ち明けなさるとは、私のような者には身に余ることでございます。

しかし、あなたの気持ちのままに再び交わりをもつのはたやすいことですが、せっかく結婚も決まっていることですし、お迎えする奥さんにも邪魔になることです。あなたのためにもなりません。そんな気持ちは捨てて下さい。奥さんを迎えられたなら仲良く暮らしていくのが一番幸せなことです。どうして私のような者に心を迷わすか分かりません。と言って涙を流しながら心の底から訴えたのである。

男もそこまで言われると返す言葉もなく黙っていたが、女の毅然とした態度にのぼせあがっていた気持ちも覚め、恥ずかしくなったのだろう。いや真におまえの言うとおりだ。あってはならないことを考えていた、私が間違っていた。おまえの言ってくれたことで心の迷いが晴れた。そんなことを口にして少し余裕が出たようなので、女はすうっと次の間に移っていった。

そして、聞きにくいことばかり申し上げました、親しくして頂いた間柄なのでつい意見じみたことを話しましたが、よく我慢なさいました。それにここに長くいては人の目がございますから、すぐ帰ります。ほんとに入って何を言うか分かりませんからと言って、出て行った。

それからは男の邪心もぬぐわれたように消え、そのためか女のわけもなくふさいでいた気分も晴れ、もとに戻ったという。

後になって男は俺が抱いたあの一途な気持ちが彼女に通じ、あの女を苦しめたに違いないと、会う人たちに語ったという。

この話はその一人から聞いたことである。

《解説》

生霊というのは人間そのものと思えばいいだろう。ただ肉体を伴わず動きまわり、不可視、超物質的存在なので、特別のことがない限り目に見えたり感じたりすることはない。生霊は現に生きている人間の幽霊だと推断しても、間違ってはいないだろう。人間の身体からその人の魂（幽体）が抜け出て目的の人のところを訪れ、それが相手の目に見えるというものである。

しかし、よほどのことがない限り肉体から幽体が抜け出ることはない。臨終間近で肉体の組織がゆるみ、バラバラになっている状態のとき。眠り込んで意識もなく夢の世界をさまよっているとき。修行するか何かに没頭して精神を一つのことに集中するとき。アルコールを飲みすぎて酩酊状態でいるとき。あるいは危険な薬物を摂って意識がもうろうとしたとき、などであり、普段は起こるものではない。また頻繁に抜け出るのでは、人間としてのアイデンティティがなくなってしまう。したがってこの生霊の出現は今も昔も同じ条件、同じ状態のもとで出没するものと思えばよいだろう。

志賀浦という遊女に入れあげていた夫に妻はたいそう悩まされていた。嫉妬ばかりではない。あんな女に家のカネを使われることにも我慢ならない。容貌は妻の方が上だというが、プロは男の気を引くのが上手で、ひと時楽しく遊ばせる。カネを取るのが目的だから口先で相手を翻弄するくらいはわけない。妻がいて不自由しないのにと思うのは認識の浅い一般人の考えで、いくら美人の妻君がいても一段も二段も格下の女に惹かれて交渉をもつのが、ドンファンの男たるゆえんである。

男の妻は男が志賀浦と寝ている部屋に生霊となって現れたという。男にしても遊女屋の場所まで明かさないだろうに、どうしてそこが分かったかのか、また、どうして亭主が今そこにいるのが分かったか。こう考えて生霊が現れたなどということは架空の話と、考える人が多い。実はその人間の魂である幽体は、時空を超えた存在である。これは心霊研究を行えば納得できることであって、幽体活動の原理のようなものである。また妻はこの事件の後、肺病で死んだということからこのときは既に肉体の組織がゆるんでいたことだろう。この話は真実のことを述べた典型的な生霊現象である。

あと二つの話、まず懐へカネを隠していた老母が甥に預けたのが不安で、生霊となって夢のなかで甥の様子を見に行った。それに先妻の子が相続するのに不満をもっていた後妻が、その子を憎む、不親切な扱いをする。そのため先妻の子が病気になるというママ子いじめ。これらは生霊の現れというよりテレパシーの分野に入れてもよいだろう。すなわち思想伝達、昔ふうに言うなら以心伝心の作用として考えた方がいいように思える。中村乗高さんの時代には心理学的な方面の研究がなされていなかった。それでこの話を生霊として扱ったことはやむを得ないことだったが、現代になって生霊現象を細かく分類すると、テレパシー現象と考えられることが多い。

それに「事実証談」のこれらの話を裏付ける意味で、以下に現代の偶発的現象を採りあげた。医師を職業にしている方がこのような心霊現象を語ることが多い。これは病気と死亡に日常接しておられるからであり、資料として優れているものが多い。

この「事実証談」を著した中村乗高さんは文才のある方で、最後の賢い女の話などは文芸誌へ載せても大方の読者は面白い、人間の心の機微に触れた佳編だとほめることだろう。

例によってこのドンファンみたいな男の居住していた場所を、おぼろげに伝えるだけにしてある。しかしこの時代には身分制のもと、人の位にも上下があったことが分かる。これを現代に置き換えてみると、登場する男女の気持ちが理解できなくなる。身分制があり、立場が違うことを考えれば、結婚したい相手であっても叶えられないこともあり、愛しい女と心に秘めていても正妻として認めることはできない。世間の目が厳しいのだ。

そういう時代であったことは庶民だけでなく、武家までも承知していたから、世間の掟には従う。網の目のように社会を覆っている身分制度に個人の希望や生き甲斐は制約を受け、引っ掛かって自由が利かなかったのである。それを頭に置かぬことには男の気持ちも、特にこの話では女の感情は理解できない。「身分の軽い私のような者でも仲むつまじくかわいがって頂いたことはありがたく感謝します。あなたはふさわしい奥さんを迎えられるのですから、私のような者は忘れて下さい。あなたの一時の慰み者には再びはなれません。奥さんを娶った後は、こんな女のことで悩んだりしてはなりません」と言い、涙を流していさめた。

男もそこまで言われると裏切った後ろめたさもあり、みっともないと思い熱も冷める。冷静になれば己の非が身にしみる。慰み者としていたこの女にも見所があると分かったが、人の妻になっている女だ。遠慮しなければならないと自制の念もわいてくる。この一度の出会いによって互いの間にわだかまっていたモヤモヤが消え、気持ちも晴れた。それまで男の一途な気持ちが伝わり、嫁いだ先でも何となく重苦しかったが、晴ればれ、せいせいしたと女は後で話している。男もきっぱり諦めて邪淫な感情も消え、うっとうしさも消えたという。

これは人間同士に伝わるテレパシーの作用である。日本流にいえば以心伝心か。思い詰める恨みというか強い感情、思慕の念が相手に伝わることで、昔はこのような話が多くあった。この話はなにか源氏物語を読みかじるような気にさせる。

この女は利口である。男のいる部屋へつかつかと入らず、次の部屋で顔の見えるところに座って、男が冷静になったころを見はからってそばに行き、優しくしんみりと話した。男が納得したころ、すうっと離れ次の間に移った。それからは長居は無用とばかり人の目があるからと言って、さっさと帰ったという。

身分の違いがなく対等の立場だったら、この男も他に妻を求めようとはしなかっただろう。一時的なもてあそび者にするにはもったいないような女性である。中村さんのこの著書のなかでも優れた一編であり、奇書といわれるこの書を見直さざるを得なくする一編である。


――参考資料――

●故郷の母の幽体、東京の工場に現れる（間部詮信「心霊と人生」8巻8号より）

私の故郷にTという医師の家があった。先代は男の子三人を残し早世された。この一家は母子ともに霊的関係が濃厚であると思われる。ここでは母親だけについて述べたが、その母親には、かつてこのような出来事があった。

私の故郷は北国で雪も多く、寒さは格別である。ある年の冬、とても寒い夜のことであった。T女が一人で灯火のもとで針を運んでいると、表の戸をたたく音がする。ハイと言って戸を開けると、そこにHという女性がしょんぼり立っている。

このH女はT女の幼いころの針仕事の先生であり、嫁に行ってからも住宅がすぐ近くで二十余年の間、朝に夕べに往き来をして親しくしていた。H女は夫が亡くなったので、東京にいる息子さんの家に引き取られ、この話の当時は東京に住んでいたのである。

T女は驚いて「叔母さん、お便りもなく、この寒さのなか夜間に突然どうしておいでになられました」と尋ねたが、H女は黙ったまま返事をしない。T女は重ねて「何はともあれお寒いから、早くこちらへお通り下さい」と手を取って部屋に招き入れた。その時の叔母さんの手の冷たさ。「何と冷たい手でしょう。さぞ寒かったでしょう。早くおあたり」と火鉢の傍らに座を勧め「すぐに温かいお茶を差し上げます。それにしてもこの寒さによくまあ訪ねて下さいました」と後ろ向きになって茶棚から茶の道具を出した。

茶を勧めようとくるり向き直って見ると、H女の姿は見えない。トイレにでも立たれたのか、いやいやそんな気配はまったくなかった。何と不思議なことだろう…

もしや東京にいる叔母さんに万一のことでもあったのではないかしら。そう思うと背中に冷たい水でも掛けられたような気がして、総毛立ったということでした。

H女はその時京都で亡くなり、その通知を翌日になって受け取ったということである。H女もT女も私とは同郷で、しかも五軒とは離れていない近さであるから、両人とも私の家へよく出かけて来られ日ごろ親しくしていた。

さてこれから申しあげようという話の主人公がこのT女であり、その幽体が何百里も離れた東京の工場に現れたという、離魂の実話である。

この話の当時はまだ故郷に末の子と二人で住み、明け暮れ東京で仕事している長男の身の上を案じていたのである。東京の長男は請け負った仕事を成功させようと努力している最中だった。

仕事も済み工員も帰って工場内はシーンとしていたときのことだったが、コトコトと人の入って来る気配がする。耳を澄ませて様子を伺っていると、やはり人が歩くようなのだ。まだそれほど深夜でもないのにドロボウにしては少しおかしいと目を上げると、淡い闇のなかに人の姿がある。それも女性のようであり、工場のまん中にぼんやりと立って動かない。不審に思いながら近寄っていくと、なんと故郷にいるはずの母ではないか。思わず、お母さんどうしてここに来たのだね、と声をかけるとその姿が突然消えてしまった。

その夜は故郷の母を案じで一晩中眠れなかった。翌朝母親あての手紙を出して安否を確かめると、母は無事に暮らしていると数日後に返事があった。

T女はその後東京で長男と暮らし、孫の世話に忙しいとのことだ。

●重病患者が呼びに来たこと（矢田良之「心霊と人生」49巻9号より）

最近、超能力や四次元の世界が話題になりテレビにもよく出る。人間の病気と死に取り組む医師として、開業約三十年間に私にも不思議なことが数多くあった。今思い出しても決して幻覚や錯誤ではなく、心霊現象としか言いようのない、忘れ得ぬ印象を記憶に残している。

昭和二十五年の初夏のころの話、毎日多数の患者と取り組んでいたわけであるが、その中に一主婦で長身白面の開放性の肺結核患者があった。そのころはこんな患者で自宅療養をしている人が多く、診察中の医師が突然、大喀血を頭から浴びせかけられたり、一夜にして肋膜腔に大量の滲出液が溜まったりすることがよくあった。アメリカ製のストマイが一本三千円（当時の闇値）もしたころである。

その家族は別に変わった人々ではなく、また特殊な信仰の持ち主でもなく、ただ上品な物静かな人たちであった。変わったところとしては前医にこりたらしく、私以外の医師には決してかからないというぐらいのもので、いくら入院をすすめても他医は絶対いやと言う、こんな患者には本当に困るものである。週一回の往診治療を行っていたが、私は家庭生活の改善や体力気力の増進を指導していたため信頼の度は高かったように思う。

六月末のある夜、寝静まった私の部屋の窓の外からその女の声が聞こえるのである。「往診して下さい」としきりに訴えている。夢心地に起き出して手早く往診鞄を準備し自転車でかけつけた。それが後で思うと不思議なことに、本人がそこで呼んでいるのだから招きいれるべきであろうが、何の疑いも感じないで出掛けたわけである。五百メートルもペダルを踏んで患者の家に着いた。

玄関には明々と電燈がつけられ、私が入って行くと主人が飛び出してきて「今女房が重態となり苦しんでいる。意識不明で熱が高いので、往診をお願いに行こうとしたところよく来てくれた」と言うのである。

さっそく形のごとく診察してみると、完全な結核性脳膜炎で頸部強直あり意識不明、全身状態ははなはだ不良であった。私は闇で買ったストマイを持参していたので主人に向かって、最後の治療として一本三千円を出してほしいこと、これを頸動脈に入れてみたいこと、それによって好転するか死亡するかは初めての経験だから自信はないこと、などを説明した。

幸いに主人は理解があって、全てを任せると言うので、二〇％のブドウ糖液二〇ミリリットルに一グラムのストマイを溶解し、両側の頸動脈へそれぞれ一本ずつ注入した。病人がそのまま寝ているのを後に帰路についたのである。

帰宅して何と考えても、意識不明の本人が往診を依頼に来たのであるから変な気がしたが、深夜も二時を過ぎており、そのまま眠ってしまった。さて翌朝、開院前に暇をみて訪ねてみたところが、何と、本人は起き出でて鏡に向かい髪をとかしていたのである。

座敷に座っている鏡越しに彼女の笑顔を見た時は本当にゾーッとしたのだが、本人は何事も知らず「おかげさまで」という次第。それからは薄紙をはぐように病状は好転していった

その後彼女と話し合うと「何の記憶もない」ということで、これこそ心霊反応が起こったのではないかと考えている。

――＊〈勝又注〉単純なテレパシー現象とも考えられる。

●生きた人間の霊が肉体を離れた（達脇十三「心霊と人生」22巻8号より）

これは私が神戸に奉職しているとき同僚から直接聞いた実際の話である。私に語った同僚M氏は香川県坂出の女子師範の出身である。M氏がまだ同校在学当時の出来事なのである。

M氏が三年のとき第一学期も終わりに近い夏のこと、裁縫の時間にいつもの通り裁縫室での授業中、先生の運針の手が止まって放心状態であるのに一生徒が気づき、びっくりしたが声も立てられず隣の生徒に目で知らせた。

次から次へ無言の伝令はリレーされてクラス全体の生徒が不安と好奇の眼でその先生を眺

めたとき、中庭には先生と同じ和服の姿の今一人の先生が芝生の上に素足のまま後ろ向きに立っていた。これを見た生徒たちはもはや好奇心どころの騒ぎではなかった。

恐怖、戦慄は全生徒の胸を包んだ。みな一つ所にかたまって、しっかりと手をつなぎ合い、わなわな震えながらその怪奇な二つの影を見守るばかりだった。やがてしばらくすると中庭に立ったその姿は段々うすれていってついに見えなくなった。と同時に教室内の先生はハッとわれに返った面持ちでにわかに針を持つ手が動き出した——というのである。

それからその話は学校はもとよりその町体に話の種をばらまいた。どこもかしこも一時はその噂話で持ち切りのありさまであった。ある者は生きた幽霊だといい、ある者は二重人格だといい、またある者は狐狸の仕業だといった。

この話を実際自分の目で見た通りと私に話してくれたM氏は現在存命である。私はこの話を聞いた時、世の中には不思議なことがあるものだと首をかしげたが、ウソの作り話として退ける気にはなれなかった。

というのはM氏が相当の教養もあり、また人格的に信じられたからである。また同じクラスの生徒幾十人かが同時にこの事実を見ていることから考え、面白半分の作り事ではないのは確かである。この話のなかの裁縫の先生というのは寄宿舎の舎監をしておられたそうであるが、同じ日の同じ時刻に異なった場所で生徒が出会った例もあると聞いている。

――〈解説〉人間は単なる肉体だけの組織ではない。肉体と超物質ではあるが幽体との融合された存在である。死とはこの二つの体が完全に分離した時の名称である。この分離ではなく一時離脱することがある。「幽体脱離現象」というのがこれである。この資料は、その幽体脱離現象の一つで、幽体―これが霊魂でもあるが肉体から抜け出して庭に立ったのである。この幽体脱離を二重体とも言われている。

（心霊研究家・脇長生）

4　怨霊

心中で生き残った男に五十年後祟る女

宝暦年間のことである。長篠村といった所の守屋家の嫡男が、古くから家に仕える者の娘と忍び合う仲になった。あるときどうした風の吹き回しか、夜のこと娘を誘い合わせて隣村の一軒の家の井戸に行き、女が先に入水した。これは心中なのか原因は分からない。

夜が明けてその家の主人が起きて外へ出てみると、守屋家の嫡男が井戸端にしょんぼり立っている。主人は怪しいと思い何しているんだと怒鳴ったが、黙ったまま答えない。呆然としているのでただ声を掛けただけで、よく知っている守屋家の嫡男なので責めたりはしなかった。

不自然だが朝の水汲みを始めようと井戸を覗くと、女の死体が浮いているので驚いた。それから人々が集まり、その男を責めて何をしたんだと聞くと、重い口を開いて心中しようと相談したと言った。だが誰も本当のことだとは思わなかった。心中を約束しながら、どうして女一人が入水したのだ。本当に心中するつもりだったのか、生き残ったのはどうしたことなのだ。女が心変わりしたので怒って井戸に投げ込んだのか。固い決意をもって行うつもりでいたのに死に後れたので、ここを立ち退かずにたたずんでいたのか。どうしたことなのだ、はっきりわけを話せと詰問した。

だが気が動転したのか答えようとしない。仕方なく長篠村へ異常な事態が発生したと伝えて、結局両方の村で詮議することになった。心中の約束は合意の上であり、相手は目上の者の息子なので、女の家でもことさら言い立てなかった。人々の仲介により男は危ない命が助かったのである。

だがこんな事件を起こしたので自宅に戻ることも出来ず、あちこちで暮らして年月の過ぎるのを待った。守屋家では次男に家を相続させた。失意の男は跡継ぎの身でありながら世間に隠れて暮らすようになり、後年には医師となった。安永のころからあちこちに住みながら医業で身を立て、晩年には故郷の近くで暮らした。それでも相手の女の祟りもなく子孫にも恵まれ、天明年間に七十を超えてから亡くなった。子孫の代になっても何の祟りもなかった。

しかし本家を相続した次男は、やはり天明年間に病死した。その次男の子が家を継いで妻を迎え、子供もたくさん生まれた。女が死んだ後四、五十年間はまったくといっていいほど不幸はなかった。だが寛政八年十一月十四日の夜、守屋家の妻、つまり心中相手の甥の妻であるが、風邪気味になって寝込んだ。その夜ソバを打っていたのを妻は近くで見ていたが後から考えると、その夜から霊の働きがあったと主人が話していた。

翌十五日その働きが表に出て妻は常識では考えられないことを言い、普通の状態ではなくなった。野狐などの霊が憑いたのではないかと問いつめたり、神仏の祟りでもありはしないかと、あちこちの神社仏閣に参拝祈願した。ことによると気が変になったのではないかと疑っていたが、幾日がたつと先祖の霊を祭らないからだと騒ぎ立てた。それで遠い祖先の祟りだろうかと妻に向かって尋ねた。すると「私がこのように憑依したのは、これこれの霊の法要をまったくやらないので、そのことを伝えたいためだ」と述べた。改めて霊を祭れということなら、その法名を言えといって聞きただした。しかし初めて耳にする名前であり聞き伝えている人もないので、法要を行う理由もないと考えた。

だがそのことをひたすらわめくので、放っておくわけにもいかない。菩提寺まで行って過去帳を調べてみると、その法名はすべてあった。それではこのことだったのかと細かく写しとって家に帰り、老母に読んで聞かせた。しかし老母は疑問に思い、このような数代前の法名であっては戦国時代に近いころのことではあるし、家系にしても正確には伝わっていない。老人の言い伝えたことによっても聞き覚えがない。

それなのに今、他人の家より来た若い嫁が知るはずもないのに、はっきりと口にした。これは先祖の教えたことに違いないと、法名を位牌に書いて祭ったが、まだ霊的な働きは納まらないでいた。それればかりか口をきって話すことは「私はこの家に古くから仕えていた者の娘です。はるか昔のこと、ここの主人の伯父にだまされて私一人が井戸に飛び込み、死にました。ところが、伯父は薄情にも生き残ったのです。私の法要もしてくれません。それでそのことを伝えたくて、ここの妻に憑依したのです。しかし私の法要より先のこの家の旦那さまたちの霊を祭ることが必要です。ですがそれさえ怠っているので、そのことを伝えたくて言いたてたのです。

私が注意したので、旦那さまたちの霊を改めて祭りました。だが私を祭って下さる人がいないので、頼る者もなく迷っているのです。お願いでございます。私の死後の祭りも執り行って下さい」

それではこれは伯父が誤って殺してしまった女の霊だったのかと、再びその女の位牌をつくり丁寧に供養した。するとそんな働きもようやく収まった。

だが再び戻ってきて言うには「私のお願いしたことによって祭って下さったことはありがたいことです。しかし私は代々この家にお世話になっていた者の娘ですのに、このように旦那さまたちと同じに並び祭られることは、恐れ多くてたまりません。私の位牌を一段下げて祭って下さるならこの上ない悦びです」

そのように言うのでこれはもっともなことであるといって、その女の位牌を一段下げて祭った。すると霊的な働きは静まった。

これは守屋家の主人の話したことである。この一連の出来事を振り返ってみると、死後の生活も現世と変わることはない。主君も家臣も父や子の位も秩序正しいものと推察できる。であるから同じ蓮《はす》の台《うてな》だの西方浄土、極楽などの話は、まったくのそらごとであることは疑いない。

長男の死後、嫁を疎み流産させた老夫婦

天竜川の近くに住む者に二人の息子がいた。長男には隣村から妻を迎え、享和元年に男

の子が生まれた。子之助と名付けて養育したが、どうしたことかその妻は両親と折り合いが悪く、孫が生まれても打ち解けることがなかった。それで家庭内では確執が絶えず、両親は次男だけをかわいがり親子兄弟でむつみ合うことがなかった。

享和三年三月にはしかがはやり、当の長男もはしかにかかり死んでしまった。臨終のとき妻を枕元に呼び「俺は病気が重くてもう駄目だ。俺が死んだらお前は親たちの気持ちに合わないから、離縁されるだろう。だが今、腹に子があるから、俺の死後追い出されそうになっても、子が生まれるまで待ってと言い承知するな。生まれた後ではやむを得ない。家を出されても子が生まれたら、わが家の物置をお前の実家に移し、しばらくはそこを住みかとしろ。それで男の子であっても女の子であっても三歳になるまでは育ててくれ。それからはこの家に連れてきてもいいし、外へくれてやってもいい。そこはいいように図ってくれ。三歳まで成長すれば後はその子の運だ。死に生きは人の手によるものではない。それからはお前はどこへでもいって再婚しろ。必ず俺の遺言どおりにしてくれ」と言うと眠るように死んでしまった。三月十九日のことだった。

妻の嘆きはいうまでもないが、ふだんは反発し合う両親も弟も親子兄弟の別れは特別なもので、葬儀も滞りなく行い、法事も立派に済ました。けれども夫が生存していたときと同じく両親は嫁を冷たくあしらい、一七日《ひとなのか》を過ぎたころから離縁すると言い出した。そのうえ子を堕ろせと強要した。

嫁は夫の遺言を守り、離縁されることは仕方がないが、子を堕ろすことはやめにして下さいと必死に頼んだが耳を貸そうとせず、無理やり流産させられてしまった。嫁は悲しいやら悔しいやらの気苦労が積もり、六月十六日に死んでしまった。

このようにして親子三人が続いて死んだ。妻と子の死は両親が嫁を冷たくあしらったためであり、悔しい思いをしただろう。長男夫婦が死んだ後も、忘れ形見であるのに祖父母は三歳の孫をかわいがらなかった。

老母は夜、孫を抱いて寝るたびに嫁は死んでしまい世話知らずさ、わしだけがこの子のために苦労しなけりゃならないと、死んだ嫁を当てこする。それを伝え聞いた人たちは、なんてことを言う婆さんだと陰口をきいた。

このような情け知らずの老母の愚痴が、死んだ者にも耐え難かったのであろう。六月二十九日の夜、老母が孫を抱いて寝ていると、夢に兄夫婦が現れ添い寝している孫を連れて行こうとする。老母は夢うつつの状態で驚き引き戻そうとする。長男は妻にお前は付き添って来ただけだから先に帰れ。俺が連れて行くと、妻を帰し、なおも連れて行こうとする。

老母は渡してたまるものかと引き戻す。互いに引き合う状態であることに驚き目を覚ますと、汗をびっしょりかいて孫を抱きしめていた。息も絶えだえになり、汗をふきふき孫を見ると高い熱が出ている。

老母はあわてて人を呼び、孫を見せると普通ではない容態だ。すぐに隣の人を起こして医師を呼んでもらったが、夜中なので翌日になり七月一日の朝やって来た。診ると大変な症状である。すぐに薬を飲ませたが、効き目がなく死んでしまった。

これは老母の意地の悪さに耐えかね、死んだ兄夫婦が孫を任せておけない、と連れて行ったのだ、近所の人たちはそのように噂していた。私(中村乗高)が隣の家の人に尋ねるとあんな老婆なので、恥も外聞もなく何もかもしゃべったと言った。このようなわけで隣の人の話したことは間違いないことだが、地名などは秘録にしておくことにした。

先妻に恨まれ後妻が奇病で苦しむ

天明年間のことであった。ある男が隣村より妻を迎えたが、妻は夜になるとのどを絞め付けられるような気がして悩んでいた。

男はどうしたわけなんだろうと奇妙な感じがしたが、あることに思い至った。先妻を一方的に追い出したのに、その妻は何を思ったのかまた戻ってくると言い出した。しかし男は手切れ金も渡さず、近いところより好きな女を後妻に迎えた。

そうしたことがあったので、先妻が恨むのじゃないかと推察して、ある人に頼んで先妻の気持ちを尋ねてもらった。するとやはり後妻を迎えたことを深く恨みに思っていることが分かった。それなので巧みに先妻の気持ちを知らげ、後妻が苦しんでいることを話した。男は後悔していると非を詫び、恨まないでくれと諭してもらったところ後妻の苦しみは治まった。

心中で死に後れた男、婿に入り女の祟りが

天明年間のことだ。広野の辺りの者がある女と密かに会っていたが、心中するのか準備を始めた。ムシロを敷きその上に女を座らせ女の首を斬り落としたのだ。ところがそこで気おくれしたのか、首つりの用意にかなたの松の枝に帯を掛けたのだが、男はそこから逃げてしまった。

後になって近くの人たちがこのありさまを目撃して驚き、騒ぎ立てたのは翌日の十二時ごろだった。人々はどうしたわけなのか詮議したが、心中の合意があって女を殺した。だが死にきれず逃げ出したのだ。男の帯が松の枝に掛かっていたのが、首を吊ろうとした証だ。とにかく心中しようとしたことは確かなので、相手を恨むことはない。そのように結論づけて女の死体を葬り、心中は合意ということで男の行方を調べようともしなかった。

そのころ男は江戸へ行ったという噂もあったが、どこに隠れていたのか幾年かの後、近郷に舞い戻ってきた。そしてある家の婿になり娘が一人生まれた。

しかしどうしたわけかその家と離別して、またその辺りの家の婿となった。子供も大勢生まれたが、どの子も幼いとき皆病死してしまった。あの女の祟りだと世間の人々は言い合っていたが、真のことと思われる。

最初婿に入ったときに生まれた娘だけが成長したが、この娘ものどの病気で声が出ず、口がきけないようだった。これもあの女の祟りであることは間違いない。

《解説》　中村乗高さんが著したこの「事実証談」は、主として遠州各地に起きた超常世界にかかわる、当事者およびその家に起きた事実を述べたものである。事実の裏付けをとって実際に調査したもののみを対象にしている。したがって人の隠しておきたい事実、人に知られてはいけないことに触れているので、当事者の氏名、家の名また地名などを明からさまに記すことはできない。地名一つを著すことによってそこから推し量れば、その起きた事柄から家が知れ、人の名も知ることが出来るからだ。したがってそうした事態に陥らぬよう中村さんは注意を払って、このような地名・家名・人名はすべて秘録にしまい、自分一人の胸に収めておくように配慮している。

心中を図ったが女が先に死に、男はいざ自分がという時に気おくれがして実行できず、生き恥をかきながらその後の人生を送る話が二つ紹介されている。

しかしその生き残った男たちのその後の人生は大きく異なっている。一人は逃げ隠れした後また現地へ舞い戻って、別の女の婿になる。ところが女の祟りを受けて、生まれた子供たちは不具であったり早死したりしている。この男は女を自分の手に掛けながら、後からいくと松の木にひもを掛け後を追うような偽装を施し、その場を逃れた。

いっぽうの男は女が井戸に入水した後、呆然としていたところを発見された。集まった人々に激しく詰問されるが、その女が自分の家に代々仕えてきた者の娘ということもあり心中の約束はしていたと、人々に認められる。それで村同士の詮議となり危うく助かった。

しかし自宅へ戻ることも出来ず、方々を転々としながら医師となって渡世していく。だがその心中相手の女の祟りを受けず子孫にも恵まれ、四十年ぐらいたって七十歳余の生涯を閉じている。四次元の世界へ行った後いっぽうの女は祟って男を不幸にして恥を天下にさらしたのに、片方の女は見逃したかのようであった。これは死に際の違いとその後の人生の送り方が、二人の男は対照的に違っていたからだろう。

祟られた男は女の首を斬り落とし、自ら手に掛けた。いっぽうの男は傍らにつっ立っていたが、女の方が井戸へ身を投げ死んでしまった。いわば殺人行為と自殺との差があるのだ。また祟られた男は松の枝にひもを掛ける偽装をしたが、いっぽうは何もしないで集まった人々に非難されている。偽装した男は心中と認められ逃げ得だった。しかもこの男はその後二人の女と関係している。死んだ女にしてみれば我慢ならないことで、こうしたことから祟ったのだろう。状況からみても世間常識に照らしても祟りは当然と思える。

いっぽうの男は家の跡取りにもかかわらず次男が継ぎ、世間を隠れて生きるという惨めな人生を送り、社会から制裁を受けている。しかも医師となり人助けの業に就くという貢献をしている。これらのことから死んだ女も敢えて祟ろうともしなかったのだろう。この男の心情と祟ろうと試みる女の波長が合わず難を逃れ、子孫が栄えたと思える。

それに引き換え一方の男は新たに二人の女と関係している。これは女にとっては許し難い背信後為であり、祟るのは当然のこととして子供におよんでいるのである。しかし祟られなかったといえども男の本家の方に累がおよび、甥の妻に女が憑依して心中の時から五十年近く経ってから女は自分の追善供養を頼んだのである。

しかしこの女は理性的なところもあり、まずこの家の祖先たちを先に供養してやってくれと、古い先祖のことを忘れている家人に注意して、供養を実行させている。そして身分を明かし新たに位牌を作って戒名を書いてもらい、仏壇に祭ってもらっている。だが自分の身分を謙虚にあかし、この家の先祖より位牌を低くして祭ってくれと言っている。この家に仕えた者の娘だといって謙虚に振る舞うことから、感情的ではなく教養のある女性であることが窺える。

四次元の世界へ行っても皆平等になるのではなく、生前の知性、人情などその人の性格は変わらないものである。中村乗高さんがこの話の後の部分で感想を述べているよう、生前の主従、身分の違いなども死後も引き継ぐのである。一概に平等だの、蓮の台、西方浄土などの表現を使うことはそらごとだという合理的で近代スピリチュアリズムの精神にかなうものである。これは心霊研究を行い、四次元世界が理解できれば中村さんの説の正しさが分かる。

　別の話に移るが、毎日毎日顔を合わせて暮らす夫婦と親たちが睦み合わず、いさかいを起こすことほど家庭を居心地の悪い所にするものはない。家庭内でゴタゴタが続く確執が絶えないのは不幸の源といってもよい。子供たちにも偏った影響を与える。これは今に始まったことではない問題だとよく分かる。例によって地名はあいまいにしてあるが、中村さんが実際にその家の隣家で聞いたという。これは現代にも通じる、現実に起こった不幸な話だ。ここでは夫に先立たれて臨月も近い妻が親たちとの折り合いが悪いばかりに離縁させられ、腹の子までも堕ろさせられた悲劇が述べられている。

　この場合は姑が問題のある人間だと、隣の家の人が語るのが本当のようである。近所の人たちも、あの婆さんがと陰口をきいていることから、姑の人間性が低いことから起こったのだろう。跡取り息子がいるにもかかわらず離縁させられ、夫の遺言どおりに出来ず、子供を堕ろさせられた妻の恨みは大きいものがある。夫もあんな親たちには三歳の長男を預けては置けないと、夢のなかで取り戻しにくる。老母は離さない。息も絶えだえになって目を覚ますと、汗をびっしょりかき抱いていた孫は高い熱が出ている。すぐ医師の手配をしたが、夜中のことではあり翌朝になって診てもらうが、手遅れになって死んでしまう。

近所の人たちは息子夫婦が孫を取り戻したんだと言い、形見の子であるにもかかわらず、かわいがりもしないで邪魔者扱にした親たちを強く非難している。

――参考資料――

●ひき逃げ（山岡靖典静岡地検検事正「静岡新聞・窓辺」平成9年4月29日）

六月某日の早朝、新聞少年が道に倒れている老女を発見した。近くにごみの入ったポリ袋が落ちており、老女は、ごみを捨てに行く途中、車にはねられたらしい。死亡推定時刻などから、事故は、午前三時ごろと推定された。捜査の結果、老女は一人暮らしで、目撃者はなく、衝突の物音など聞いた人も見当たらなかった。

現場には、車の塗料やスリップ痕など、ほとんど残っておらず加害車両の特定は難航。それでも警察は、懸命の捜査を行い、車の進行方向にある自動車修理工場などをしらみつぶしにあたった。数日後、ついに修理工場に不審な乗用車があるのを発見。フロント右側部分が壊れていた。

修理を頼んだ男を調べると、老女をはねたことを自白。男は逮捕された。男は、車の左前がポリ袋を持った老女に衝突し、その身体は車の左後部にも当たったと言う。

確かに、車の左前部と左後部バンパーにルミノール反応が出た。しかし、ぶつかった個所は、ほとんど壊れておらず、右側部分の壊れた理由が不明であった。右側部分が大破したのは逃げる途中の山道で車が道路右側の溝に落ちたからだ。と男は説明。調べてみると男の言うとおり溝には車の落ちた跡があった。

ではなぜ、車が溝に落ちたのか。車が溝に落ちさえしなければ修理する必要はなく、犯人検挙にも結び付かなかったはずである。男は事故当時、友人と酒を飲み、酔ったまま車を走らせていた。そのため老女をはねたとき、救助しないまま逃げ去ったが、しばらく走って山道のカーブに差し掛かったとき、突然、フロントガラスの前に老女の腕がにゅーと現れた。驚いてハンドルを切り避けようとしたが、車が道路わきの溝に落ちてしまったと言う。この老女の腕は、助手席にいた友人も確かに見たと供述。

果たして、幻覚だったのか、妄想であったのか。いずれにしてもその結果、男が捕まってしまったことは事実である。

まったく、事実は小説より奇なりである。

5　念

松に打った釘が隣の妻に祟り病気になる

ある家の主人は隣の家と屋敷の境界のことで争っていた。文政元年のことである。隣の主人は恨んで境界のところに生えていた松の幼木に釘を打ち込んでしまった。

こちらの主人はそのことをまったく知らなかったが、そのことがあってから妻に祟りがありどこともなく身体が不調になった。あちこちの医者に診てもらい薬も飲んだが、一向に治る気配もなかった。

幾日かたって境界のところの小松を伐ると釘が打ち込んである。驚いて松も小さいのでそのまま隣の庭に持ち込み、釘を打たれたと怒鳴り、その場で釘を抜いて捨ててきた。

そうしたところ妻の病気がウソのように良くなった。これは隣の主人が恨んで釘を打った祟りに違いないと人々は噂したが、実際のことだっただろうか。

それからは隣の主人は罪が自身に振り掛かってきたのか、隣の妻が治ると今度は自分が患うようになった。しかしその後のことは分からない。事実あったことである。

竹の子泥棒が折り口に塩を塗られ障害が

豊田郡川匂《かわわ》庄で明和年間、ある家の竹藪の竹の子を人に知られないよう折り取る者があった。その家の主人はたいそう怒って、その折り取る者を苦しめるには、竹の子の折り口へ塩を塗るに限る。そうすれば業病になるからという言い伝えがあるので、腹立ちまぎれに塗った。

そのあらわれであろうか、竹の子を折った者は突然足が腫れてしまった。足の腫れは塩を塗ったのが原因だという人が現れ、それではと竹の子を折った人は酒を一升持って竹藪の地主のところへ行き、頭を下げた。

地主は、やあ祟りがあったのか、近所の人のやったことだと分かっていれば、あんなことはしなかったのにと言った。わしらはそんな言い伝えがあったのでその通りにしたまでだが、どうしたら辛い症状がやわらぐだろう。わしは知らないと言いながらそこから離れた。

折った人は知人に相談し、神仏に祈願したところ腫れは治った。だが生涯、足が不自由だったという。これはその当人から聞いた話である。

《解説》

現在の浜松市南区あたりだろうか。竹藪はどこにでもあるから、どこと特定できないが農村の話だろう。竹の子の季節になると無断で折って持っていかれる。竹藪の持ち主は腹立たしくてたまらなかった。この気持ちはカネの問題ではない。その盗っていく心情が憎いのだ。しかし見張ってはいられない。いつ来て折っていくか分からないからだ。竹藪は広く、うす暗いので、人影も見えにくい。

だが腹立たしくて指をくわえたまま見過ごすことも出来ぬ。すると誰かが竹の子を折ったその節のところに塩を塗ってみろ、そうすれば折って持ち去った者には祟りが起こると教えた。竹藪の主人は実行した。すると近くの人の足が腫れてしまった。その人は後悔しただろう、早速一升買って謝りに行った。主人も早まったことをした、近所の人だったら、このようなことをしなくてもよかったと言った。体裁が悪いのだろう、神仏に祈ればよいなどと言ってその場を離れた。さてその場は収まったが、竹の子を盗んだ人はその後足が不自由になったという。

　これは塩を塗ったからそうなったというのではなく、竹藪の主人が常に竹の子を盗っていかれることに腹を立て、その気持ちは一つの念となってその竹藪を覆っていたことだろう。この盗人は出来心で竹の子を折ったには違いないが、なにかその念に通じるような強欲とか屈託を持っていてその場へ踏み込んだのだろう。すぐ反省して一升吊るして謝りに行って主人の気持ちは晴れた。だが竹藪を覆っていた念は既に客観的なものとして独自に対象となるその男に働き、足が不具になったわけである。波長と念がぴったり合ったので、その後当事者の意向にかかわりはなく独立して働く、その念に支配されたわけだ。

　いっぽう境界争いによって境界に植えておいた松の幼木に隣の男が釘を打ち、それが原因で打たれた家の妻がうつ状態になり体調を崩したという。しかし事件が解決して釘が抜かれると、妻は健康をとり戻す。釘を打った男の念が根深いものではなく、隣同士のことだから脅かしの意味もあって恨みが深いわけでもなかった。

　妻が体調を崩したのは、集団的無意識が集団的無意識に働き掛ける催眠効果もあったのだろうと思われる。この二件の話は四次元世界とは関係のない心理学的見方で説明できるものと思う。

フランスの天文学者で心霊研究家のフラマリオンが収集した超常現象を著した「不可思議の世界」から他人におよぼす精神作用の例話をみると、面白いものがあるので紹介しておく。念の働きをフラマリオンは他人におよぼす精神作用と表現している。洋の東西を問わず念は生きて相手に伝わる。作用するものであることがこの例で分かるのである。

――参考資料――

●死期の一念（「心霊と人生」17巻4号より）

金沢市に長土塀という町がある。昔の武士町である。字のごとく幾丁もある広い町全体が同じように土塀をめぐらせ、変わらない家が立ち並んでいる。

その中に一軒だけ正面の土塀を取り除いてある家があった。

父が武士であったころの昔のことであるが、ある時町人が何か過失でもあったのか、乱暴な武士に追われて、ある家の土塀のところへ追い詰められ塀を飛び越える間もなく斬られて死んでしまった。

その後その土塀がちょっとしたはずみで崩れてしまった。それからは幾度築き直しても回復しなかった。そうした理由で修復することを諦め、塀を取り除いてしまったという。その町人が死の間際に、この塀がなければ、と思い詰めた念がここに留まって、それが土塀を崩すのではないかと言われている。

死期の一念はすごいものである。

●**盤にヒビ割れ、駒が吸いつく**（倉島竹二郎「毎日新聞」昭和29年2月3日より）

白い湯気の立ち上るおしぼりを顔に当てていた大山王将は、やがて眼鏡をかけ直すと、思わず腹にしみこむような駒音を立てて四六歩と打ち下ろした。

一見手つきはそれほど激しくはないが、駒を打った途端にピーンとヒビ割れがしたのも、また指した駒が盤に吸いついて離れないという奇跡みたいなことの起こったのも大山氏で、気合のこもり方は見た芽以上に物すごいのであろう。この勝負は大山氏の勝ち。

●**他人に及ぼす精神作用**（フラマリオン「不可思議な世界」より）

ロンドン市の片隅に住んでいたのは今から三十年前のことで、そのころ私はリジェント公園に近いある会社に勤めていた。

ある日仕事をしていると、どうした訳か急に家へ帰りたくなった。いくら考えても仕事の途中であり、用事もないのに家へ帰るという馬鹿げたことはないので我慢していたがどうにも落ち着かず仕事が手に付かないのだ。私は思いきって妻を驚かすのを覚悟で家へ戻った。

家へ着くと妹がびっくりして玄関へ飛び出してきた。

「どうしてお分かりになったの」と叫んだ。

「何を?」

「メーリー（私の妻）のことをどうして知ったのです」

「メーリーがどうかしたのか」と尋ねると妹は私の妻が一時間ばかり前に道路で馬車にひかれて怪我をしたことを伝えた。そして妻はしきりに私の名前を呼んでいたそうだ。


（アレクサンダー・スカーヴィング記）

○

私が旅行の途中、ある村へ着こうとするとき馬車の車輪が壊れたので、村なかの鍛冶屋へ立ち寄った。だが主人は病気だったので近所の職人を呼んでもらうことにした。私は店先で主人の容態を尋ねると、睡眠不足で調子が悪くなったのだと言った。

どうしたのだと聞くと、村はずれに住む仲間の鍛冶屋がわしの家の娘に結婚を申し込んだのをわしが断わった。そのためだという。村はずれの鍛冶屋は恨んで毎晩ヤカンをカンカンたたいて、こちらを眠らせないようにするのだという。

しかし村はずれとここでは一マイルも離れている。ヤカンをたたく音がここまで響くわけはない。一度その鍛冶屋へ行って見ようと思った。

「お前は何だって、一晩中ヤカンをたたくのだ」

「ニコラスの野郎を寝かさないためでさ」

「一マイルも離れていて、どうして先方にその音が聞こえるのだ」

「なあに、訳はないや、俺はあの野郎に聞こえるように心を込めてたたくんでさあ」とにやりと笑った。

「しかし夜間はたたくのはやめろ。万一ニコラスが病気で倒れるようなことが起これば警察へ届けるぞ」

その夜からこちらの鍛冶屋は眠れるようになり、四、五日たつと調子がもとに戻った。人間の精神力は不思議な作用をするものである。村はずれの鍛冶屋の念力がこちらに届いて眠れなくさせたのである。

（エム・レカミール記）

6 執念の残る物

老母の亡霊「浮波の皿」を取り戻す

ある家に「浮波の皿」といって無地の中皿があった。底に波の絵が描かれ、水を入れるとその波の紋が水の上に浮いて見えるので、浮波の皿と名づけて家宝にしていた。また白無地にさまざま色付けをした古伊万里の皿もあった。その家は由緒ある家柄なので、どの時代から持ち伝えてきたのかは分からないが、今は零落して暮らしも楽ではない。しかしその皿だけは手放さないで家宝としていた。

天明年間の半ばごろから老母と嫁が二人でひっそりと暮らしていたが、親類の世話で寛政の初めごろ、一里ほど離れた地区から婿を迎えた。

ところがその婿が道楽者で、遊ぶことに金銭を浪費してしまう。困って離婚しようとしたが、近所の人たちの取りなしによってなんとか収まり、暮らし続けていた。やがて老母と嫁が相次いで病死したので、婿が一人で暮らすことになった。そうなると余計に道楽に熱中するので、親戚一同の意見で婿は離縁となり、追い出された。それから管理人を隣の村から雇って家を守らせることにした。

その管理人が来たばかりのころは変わったことも起こらなかったが、しばらくたつと夜中に「皿をよこせ、皿をよこせ」という声が聞こえてくる。管理人はわし一人だので村の若者たちが驚かそうとしているのだろうと、気にもしていなかった。ところが雨の夜も風の夜もその声は相変わらず聞こえるので、これは狐や狸のいたずらに違いないと思えるようになった。

それである夜寝ながら聞き耳を立てていると、その声は外の方から聞こえるのではなく台所のかまどの付近で響くのだ。奇妙なことだと調べてみると、不思議なことに人影などはない。幽霊ならば姿を見せるはずなのに、声だけ聞こえるという。これは狐や狸が床下にもぐり込んで声を立てるのだろうか。それともやはり亡霊なのか。

しかし亡霊の仕業にしても自分には過失はないのだから、祟られるわけはない。夜が明けたら本家にこのことを告げようと、少しも動揺しないで寝てしまった。翌日になって、そのことを本家に伝えた。すると主人も不審に思い、皿が欲しいというだけで他に変わったことがないのなら、家宝としていた皿に執念が残っているのだろう。行ってみるかと、その家に出向いた。そして調べてみると家宝としていた皿は二枚ともない。

さてはこれが原因だったのかと方々探してみたが、出てこない。

近所の人たちにもわけを話して調べてみると、離縁した婿が遊ぶカネ欲しさに、一里ほど先の家に質として預けたことが判明した。驚いて交渉に馴れた人をやってその皿を取り戻しあった場所に戻した。

それからは夜になると皿を欲しいと言っていたあの声が聞こえてこなくなった。あの声は老母の霊なのか祖先かは分からない。しかし後になってよく考えてみると、管理人には老母の声に聞こえたというから老母の霊だろう。老母は生きていたときから気の強い女だったという。死んだ後も家宝の皿の亡くなったのを知って、それを取り戻したかったのだろう。

霧島つつじを護り老母が祟る

山名郡に年をとったお婆さんが一人で住んでいた。草花が好きで、広くもない軒下に四季とりどりの花を植えて、楽しんでいた。

文化の初めごろのことだ。近所の人たちの世話で養子をもらい、それに嫁を迎えてからはすっかり隠居気分になった。いままでよりもいっそう花に熱中する。近所に住む人たちは、なんとまあ年にも似合わぬもの好きなことよと、陰口をきいた。

あるとき隣村の人が来て軒の下に植えてある霧島つつじを見て、主人となった養子に譲ってくれと言った。するとわしはいいが、老いた母がいつも丹精しているものだから、あれは駄目だと断った。しかしこの老母が亡くなってから三年たった文化三年に、またもやあの霧島を欲しいがどうだろうかと、その人が来た。主人も今は断りきれず、老母も死んだ、今は誰があの花に心を寄せよう、と言って譲った。その人も喜んで自分の家に持って行き、庭に植えた。

しかしどうしたことか、その人は霧島つつじを眺めることが億劫になり、時々熱が出て体調がおかしくなった。それに譲ってやった方の人もそのときから病気がちになり、うっとうしく家業にも身が入らなくなった。

冬から春にかけてはこの家は綿打ちを副業にしていたので、ぼんやりと過ごすよりはと綿を取り出して打ち始めた。

しかし例年のようにスムーズにはいかない。弓の弦に綿がまとわり付いて打ち難くて仕方がない。力を入れて打ち上げようとすると、綿が固まりになり弦にからみ付いてしまった。どうしたのだろうかとよく見ると、不思議なことに綿は綿にはちがいはないが、濃い個所と薄いところがからまって透けて見え、あの老母の顔を思わすのだった。

それでたまらなくなり、綿をそのままにして菩提寺へ行き、老母の墓に参った。主人が寺に行き留守にしている間に、霧島つつじを譲られ持っていった人が、つつじを返すといってやって来た。

その人は、あの霧島つつじは老母が生きていたとき、よほど好んで手を掛けたものに違いない。外の家へ移したりすると、執着の念がわざわいしてわが家でも病気が絶えなくなった。それに厄介なことばかり起こるんだ。こんなもの返します、と言って持ってきたというのだ。

さてはあの家でも何か祟りがあったのか、と思ったが、それを耳にするのもイヤなので問わないまま元の場所に植え直した。それからは両方の家に不幸がなくなったので、やはり老母の祟りだったのだと分かったという。

《解説》

骨董品を集めるにはさまざまな苦労がいる。真贋の鑑定や値段の交渉、それに運び方など、物好きでなければ我慢できないほどの忍耐が必要だ。それにこれは余り気付かないことかもしれないが、その骨董を作品も作者も気にいって手に入れた。家に運び込み飾った。それからは朝夕ひまがあると眺めて楽しんでいる。ところが、その骨董品をわが家に持ってきてから何となく体調がおかしくなった。熱の出ることもある。妻が些細なことで怪我をする。子供が病気になる。あるいは事故に遭うなどして家の中が今までのように落ち着きがなくなり、どことなく尋常ではなくなった。変だと気付いたときには今までのような幸福感が薄れていることも感じられてくる。

そして思い当たることは、あの骨董品を買い入れたときからだと、その骨董品のせいだと気づく。しかしただの焼物、仏像、絵ではないか。これがどうして不幸をもたらすのかと、骨董を眺め触っては思案にくれる。収集家になるにはこのような他人に話せない苦痛が、ひとつやふたつあるものだ。ところがこうしたわが身にかかったわざわいや障害のことは誰にも話さず、その骨董の良い点ばかりを並べて自慢するものだ。また一般の人にはこの点の理解がないのも無理のない話であって、特別に配慮し対策を練るには心霊知識を持たなければ駄目である。いわば四次元世界にかかわることなので、唯物的な常識をもってしては解決できないのである。

物は分子の集まったものには違いないが、その分子と分子の間には分子の数だけのすき間があって、そこに四次元的なエッセンスが詰まり、分子と一体となって物を構成している。このエッセンスの詰まった空間を、次元を超越したものと称して幽体という。この幽体には人の念や想いが浸透するものだ。ただ現在の唯物オンリーの時代には学術的な研究がなされていないので、こんなことを言っても学者や専門家は鼻の先でせせら笑うだけで、採りあげようとはしない。

しかし事実があってこその真理である。現に骨董品や自動車などには、そうした人の念が働いたとしか思いようのない事態が生じている。それから帰結していけば納得できるはずであるが、その事実を頑固に否定する。だがこうした多くの偶発的社会現象、心霊的な事実を集め、それから帰納していく方法をとれば学問的研究の対象にはなるはずである。百の理論より一つの動かしがたい事実を研究する方が、このような問題や事態を観察してゆくうえで、何より必要な態度ではなかろうか。中村乗高さんの収集されたこのような、四次元の世界にかかわる現実社会に起こった事実を研究していけは、そこに動かしがたい超常世界と人間社会が不離密接な関係にあることが分かるはずだ。

家宝として持ちこたえてきた浮波の皿と古伊万里の皿を、遊ぶカネ欲しさに婿が他人の家に質入れしてしまった。家を守ってきた老母は四次元の世界へ行ってからそのことを知り、夜になると「皿よこせ、皿よこせ」と台所のかまどの辺りで声を立てる。追い出された婿に代わってこの家の管理人となった男は、人影がないのにその声だけが聞こえるので、幽霊ではなく狐か狸が床下にもぐり込んでいてそこから声を立てているのだと思う。

しかしこれは心霊常識を持っていれば、この家の主であった老母だと分かったはずだ。第一、生前聞いたことのある老婆の声に似ていたと言っている。姿など見えなくても、その本人だと一番確認できるものは声である。電話の受話器をとって知り合いの人の声だと、大抵の人はすぐ確認できるだろう。声ほど、またその話し方、特徴などを含めてオリジナルな人の存在を示すものはない。

四次元世界と現界をつなぐ通信手段の一つに直接談話現象というのがある。この現象は優れた霊媒を使った実験会で、出席者のほとんどの人は、目指す相手と話し合えて満足するものだ。霊媒は四次元世界と地上界を結ぶ通信機である。霊媒がなぜ通信機としての働きを見せるのか、それは彼の特異体質による。人間には誰でもエクトプラズムがあり、肉体と本当の私たちである心、精神（魂・幽体）を結び付けているものが、このエクトプラズムである。霊媒はこのエクトプラズムを一時的に体外へ流出させることが出来る特異体質の持ち主である。もちろん四次元世界の指導者の指導とパワーが加わってのことだが、このエクトプラズムを使って霊は声を出す発声器官を臨時にこしらえてもらい、それへ自分の幽体の口を当てて声を出すのだ。

しかしこの話のような場合は四次元世界の方にこの老母をアシストする人がいなければならず、条件が揃わなければいつも起きるとは限らない。こうした偶発的に起こる心霊現象にも科学的な裏付けがあるわけである。怪奇なものとしてロマンを感じる方もいるかもしれないが、原理と方法が分かってしまえば単なる科学的事実であると理解でき、面白くもなんともない出来事なのである。むしろこの話では老母の皿にかける執念の強さを問題にすべきだ。エクトプラズムは人間ばかりでなく動物、植物にもある。この話ではその辺りに猫や犬あるいは狸などもいたのだろう。四次元の世界では老母に同情し、協力する人も現れてくる。

この老母は四次元の世界から浮波の皿などに念を送ってきている。皿を媒介として人間関係が展開していく。あと一つの話は皿が霧島つつじになっただけのパターンのような気がする。面白いのはこの家の養子が綿打ちをする場面である。打ち出す綿の弓に綿が固まりとなり、あるいは薄い個所が出来て、その綿のひと群れが亡き老母の顔に見えたという。霧島つつじを他人に譲って後ろめたい気がしている養子には、自己暗示によって老母に見えたのだろう。

どちらの話も元のところへその物を戻せば一同が祟りと感じている憂いが除かれていることだ。この状況から考えれば、その物に四次元の世界から老母の念が届き、物の幽体の働きによって皿、つつじをめぐる人間模様が描かれていくのだ。これは昔の話であり、昔はそうしたことが起きもしただろうと思われるだろう。しかし物は物でも現代の自動車にも人の念がおよぶ。その例を参考資料に載せた。この話を紹介したのは現役の医師であり、資料の出所は医師たちの間で広く読まれている「医事新報」である。今も昔もこうした話は絶えないのだ。

――参考資料――

●実話怪談「濃霧」（片山利貞「日本医事新報」昭和46年3月28日より）

昭和×年五月、早朝の微風はあくまで清々しく、新緑の野山はいよいよ青く、私は浮き浮きして車を走らせていた。車、私の乗っているダッジはほとんど新品同様で、それもわずか百万円で買ったばかりである。「なんでも新車を買った早々に、どうしても百万円ばかりの約手が払い切れず、現金を早急に払ってくれるならという車があるのですが。こんな買い物は私の仕事では初めてであり、めったにないケースですからぜひ買いなさい」というブローカーのすすめに従って、あまりよく確かめもせずに買った車なのだが、全くの買得品で全て新品同様であり、機械、足回り、言うことのない快調である。そして誰に話しても「そんな馬鹿な、こんないい品物がそんなに安く手に入るなんて」と、羨ましげに眺め回す友人を見るにつけ、私は嬉しくてたまらなかった。

かねがね車が欲しいと思っていた私はちょっとしたいきさつで車を手に入れることになったので、ペーパードライバーの私はあわてて教習所に車ごと持ち込んで、特別に再教育を受けた。毎朝、早朝より車の手入れ、軽い馴らし運転をし、夜寝る前にも、時には夜中急患で起こされた時でもちょっと車庫を覗いてみなくては寝られない毎日であった。

それも早や三カ月ほども過ぎ、今日このごろでは車は全く私の手足同様で、すいすいとどこへでも私について来た。

今朝も、先日退院した患者さんからついでの折でいいから一度往診してほしいと昨日頼まれたので、馴らし運転がてら行ってみることにした。

ごたごたした町中の道はやがてバイパスに連なり、まるで有料道路のように野原の中を真っすぐにつきぬけていた。今日は不思議と車も少なく、途中軽ライトバンに一台会ったきりで、この世は全く私のためにあるような朝であった。

途中の小さな村を過ぎたころ、急に霧が立ちこめ出し、すぐひどい霧の中に入ってしまった。こんな濃い霧は私の記憶には全くなく、十メートルぐらいしか視界がなかった。私は速度を落としてしばらく走っていたが、やがてその霧も晴れ、再びもとの清々しい朝に返っていた。そこは目的の地のすぐそばであった。

私は軽く往診をすませ帰りは村中の旧街道を通って、ハンドルさばきの軽いトレーニングをしながら帰った。

朝の軽い運動が体の調子をよくするのか、このごろは患者さばきもうまくいくようになって、今日も午前中の患者をすいすいとさばいていた。半分ほど患者を処置し終わった時、看護婦がけげんな顔をして一枚の名刺を持って来た。何だろうと手に取ってみると、刑事何々と書いてある。患者のことについて何かを聞きに来たのだろうと思ったが、当科は婦人科のことでもあるので直接応接室の方に通ってもらった。

患者の切れ目をみて急いで応接室に行ってみると、二人の警察官は丁寧な挨拶の後

警「先生は今朝ほどこれこれの道を自動車で走らなかったでしょうか」

私「ああ、行きましたよ」
警「それなら先生はひき逃げを認めるわけですね」
私「何ですって、私がいつひき逃げしました。私は途中で人一人にも会いませんよ」
警「でも先生の車が人をひき倒すのを田んぼにいて見たという人があるのですが」
私「それはどこですか」
警「A村の手前です」
私「A村の手前、ああ思い出しました。私がA村の手前に行った時は非常に濃い霧でよく注意して運転してましたから、そんなことのなかったことを自信をもって言えます。第一あんな濃い霧の中で田んぼからでは何も見えるはずがありませんから、私ではなく霧の前あるいは後に走った他の車であることは、それたけでも証明出来ます。私でないことがお分かりになったのですから、お引き取り下さい。失礼ですがお見掛けの通り患者が混んでいてあまり待たせられませんから」
警「先生はそうまで申されますか。それなら車を一応見させてもらってよろしいでしょうか」
私「どうぞどうぞ、鍵はこれです。看護婦に案内させますから私でないことを十分認めて帰って下さい。では」

私は馬鹿ばかしい話に時間を取ったことを多少腹立たしく思いながら、急いで診察室に取ってかえし、再び診療を開始した。

「先生ちょっと、警察の方がガレージまで来て下さいと呼びに来てますが」

「この忙しいのに、全くうるさいな」と処置の仕掛けをやめて患者に「ちょっと」と了承を求めた。

急いでガレージに行ってみた。「どうせガレージが開かないか何かだろう。つけてやった看護婦にしてもらえばいいのに」とブツブツ言いながら行ってみると車は早や外に出してあって、車の右前の部分を調べたり写真を撮ったりしていた。つけてやった看護婦まで一心に覗きこんでいた。

警「やっぱり先生です。署までご同行願います。車は預からせていただきます」

私「そんな馬鹿な」

警「ご自分でここを確かめなさい。血痕、そして凹み。こんなに凹んでいて、知らないなんて、警察を馬鹿にしなさんな」

私は一瞬棒立ちになった。血痕、凹みは何も覗き込まなくてもよく見えた。しかし今の今までそんなことのあったことは、全然知らなかった。悪夢だ、白昼の悪夢だ。こんな馬鹿なことがあっていいものだろうか。手の先、足の先から力の失われていくのをはっきりと感じた。

警察の調べ室に入った時もまだ何が何だか分からなかった。ありのままを何度も言ったが、頭から誰も信じなかった。故意にウソを言っていると、決めてかかっていた。

今朝、霧のあったことを村人に聞いてもらうように頼んだ。A村の入り口付近で朝早くより田の草取りしていた二、三人の農家の人が来たが「霧なんて、そんなものは全くありませんでした。第一この辺りはうすくかかる霧の日があっても、濃い霧なんて昔から一日もありません。今朝はそのうすい霧さえも一回もありません。いい天気でした」と口をそろえたように言い、さげすみの目をなげかけて去って行った。

私は留置場に入れられたが、それでも全く何が何だか分からなかった。自分に全く身に覚えがなくても、人一人が自分の車にひかれ死んだのだから、十分なことはしなければと分かっていても、他のことはどうしてよいか全く分からなかった。

翌日、友人や医師会の人々が来て弁護士のこと、入院患者の移送のことなど全て手配したので家のことは気にしなくてもいいが、君の言っている霧のことや、身に覚えのないと言うことは、警察の心証を悪くするだけだから、君の言い分は全て引っ込めて謝りの一手でゆけ、あとはこちらで何とかするから。それを約束してくれないとどうもしてやりようがないから、と耳うちして帰って行った。

私はこんなにまでしてくれる友人に対してその言に従うことにした。あの朝、私はA村の手前で人をはねたが、大した傷ではないのだろうと思い、まして死ぬなど考えてもみなかったが、あとのゴタゴタが恐ろしくて逃げたと何度も言いつづけた。警察はブレーキを踏んだ跡がまったくないことから、殺人だといきまいている様子であった。

それでも友人などの努力により体刑はまぬがれ、罰金ですんだ。遺族の方々との間も全条件を受け入れたので、カネで終わった。

私は自動車が恐ろしくなって免許証は警察を出た日に直ちに返却した。

それまでしなくてもいいと言う人もあったが、再び手にしないという考えのもとにあえて返却した。自動車も手もとに返ってくることが決まったとき、再び見るのも恐ろしくて百円でもいいからとブローカーに頼んで処分してもらった。

全てが終わった時、それでも私は何が何だか分からなかった。それから何ヵ月がたったある日、ふとあんないい車を七十万円で手放した自分をふり返ってみて、手に入れた時の百万円に不審をいだいた。

私は執念に取りつかれたように、次の手に渡った岡山の人の所まで日曜日一日をつかって訪ねて行き、車検をみせてもらった。それを足がかりに、私より前の人が千葉県の人であったことをつきとめた。千葉県の人に自分の事件を詳しく書いて、どうして百万円で手放したかを尋ねた。

　返事は驚くべき事実として返って来た。すなわち千葉県の人もある春の朝、日光街道で急に深い霧におそわれ、その間にひき逃げ殺人を犯していた。そして体刑を受け事件後急いで手放したことが書いてあった。

　私は直接その人に会い、二人でさらにその先を追及することにした。千葉県の人の先はアメリカ北部の人の持ち物であったことが分かった。二人はこの不思議な体験談を書き、これが全く訳の分からない事件なので、何か参考になるようなことがあったら教えてくれるように頼んだ。

　アメリカからの返事はさらに驚くべき内容であった。この人の場合は全くの新車で、非常に調子のいい車であった。

　ある新緑五月の朝、アメリカ北部の森林高速道路を深い霧をつき切って百二十キロぐらいの高速で走っていた時（この辺は特に霧が深いので有名な地方であるが、そしてこの道路は絶対といっていいほど人が歩いていないので、こんな高速でも安心して飛ばしているのだが）その日に限って突然路上に人が飛び出して来た。彼はハッとした瞬間、ブレーキも何もする間もなくそのままひき殺してしまった。この時もブレーキを踏んでいないことに重点がおかれ重い罪が科せられたのだと書いてあった二人はこれらの三つの事実をことこまかく書いて千葉とこの大阪の警察に提出したが、事件が一応すんだ後だったので、何も取りあげることもなく、無視されてしまった。

それでも二人は初めに死んだアメリカ人の怨霊の恐ろしい執念に身ぶるいすると共に、この不思議な事件に対するある種の心の安らぎを見出した。

今日もあのダッジは執念を乗せて五月の朝の獲物を狙って走りつづけていることであろう。

●不運をもたらす刀（渡良瀬新聞「心霊と人生」33巻5号より）

「売りに出た日本刀」と見出しをつけてAFP通信は次のような記事を報道している。

いまシンガポールで一振りの日本刀が売りものに出されている。この刀はアブレラ・ビンスロングという土地の若者が太平洋戦争で日本軍が降伏のとき日本の将校から記念に譲りうけたもの。ところがこれを持っていると悪運がつきまとうので思いきって売り飛ばす決心をしたというわけ。

はじめにこの刀を友だちに譲ったところがやはりこの友だちも悪運にくるしめられた。そういうことからこの刀は次から次へと友人の手をめぐってついに再びスロング青年の手元にもどってきた。

この青年の話によるとこの刀の持ち主であった日本将校は部下三人の首を切り、まだ血が刀からポタポタポタ落ちているときもらった縁起の悪いシロモノだという。

周知のようにこういった刀にまつわるいろいろ不運な因縁話は、わが国ではその実例は多い。多くの人々はこういった事実を偶然、いや迷信で片付けようとする。けれども単に迷信とも思えぬ事実も多いのである。

実はこのことは人間の心（動物の場合でも）――念の働き、念波の作用によって起きるのである。この刀にはおそらくその殺されたものの怨恨の念が刀に感応してその刀の持ち主にその恨みを晴らさんとするのも、むろん死に至らしめたものでも恨みの念は放射されること言うまでもない。が、このことは心霊科学によってハッキリ解明されていて真実であるが、このことは波長説にすることであるだけ、その悪運といっているものは誰でもとはいいきれない。この場合を含めていずれの念についてもその働きはあるのである。

7　位牌・仏壇

拾った位牌を祭り祟られる

池田村に彦十という老人がいた。寛政年間に天竜川が洪水を起こしたとき、流木を拾おうと船に乗ってかき寄せていると、その中に位牌があった。

これはおそらく川の上流にすんでいる人が流され、家の人も死んだに違いない、と彦十は考えた。わしの手にかかったのも何かの縁だ。祭ってやろうじゃないかと家に持ち帰り先祖の位牌に並べて祭ることにした。

ところがそれから家族が代わるがわる不幸に襲われ、次々に生まれた子供たちも三年の間に皆病気になって死んでしまった。これは神仏の祟りではないかと占ってもらうと、縁のない死霊の祟りであることが分かった。

縁がないとはあの川から拾ってきた位牌のことだと思い当たった。彦十はさっそく僧を頼んで施餓鬼を行った。その後位牌を天竜川に持って行き川に流した。それからは祟りはなくなったという。

仏壇を新装して祟られる

生きている人と霊となった故人とでは、そこにものの感じ方に違いがあるのではないか。ある家の主人は住宅が古くなり傷んできたので、寛政の初めごろ改築した。古かった家が立派になった。

仏壇も松や杉を使った粗末なものなので、あちこち傷が目立つ。永く使っているうちネズミにかじられ、たいそうみにくくなった。主人は住宅を改築したが仏壇をまずすべきだったと思い、すぐさまケヤキを手に入れて仏壇をつくらせた。春慶塗に仕上げた。

その年の七月、盆のときには古い仏壇から位牌を移して祭った。その様子をその家に出入りしている者が見て

「これは良い仏壇ではないか。こうして新しいものの中へ移って祭ってもらえば先祖たちも喜ぶだろう。移してしまえば、古い仏壇は捨てるだろう。あれだってわしらのような、

あばら家に置く仏壇に比べれば上等だ。要らないならわしに譲ってくれ」と言って、持ち帰った。新しい仏壇には作法通りのことをして移した。

ところが主人は突然大声をあげ

「昔より祭られ馴染んできた仏壇を他人にやり、どうしてこんな仏壇にわしらを移したのだ。早く取り戻して元に戻せ」とどなった。まわりの人たちは親父が気が狂ったと思ってなだめたりすかしたりしたが、収まらない。ぴょんぴょん飛び跳ねながらどなり散らす。ほかのことは言わないで仏壇のことばかり口ばしり怒っている。

さては先祖たちの気持ちにかなわなかったに違いない。それにしても古いものを新しく造り替えてやったのに、祟られるとは思わなかった、ともかくも古い仏壇を取り戻せ、といって先方に訳を話した。すると承知して返してくれた。それからは主人の気が鎮まったという。

寛政の末になり、私（中村乗高）はその家の近くに行った。主人のところに立ち寄ったが、やはり新しい仏壇に多くの位牌を並べてあった。古い仏壇も捨てがたかったのだろう。やはり祭ってあるものと見え、新しい仏壇の横に三尺ほど離して横向きに据えてあった。丸い台の上に茶碗を一つ置いてあるばかりで他には何もない。古い方はただ傍らに据え置いてあるのだと思えた。

《解説》

磐田市の池田は天竜川の河川敷に近い。地図で見ると妙法寺があるが、この話の舞台となったのはこの辺りではなかろうか。寛政のころ、今から二二〇年ぐらい前の話だが、天竜川に洪水が起きた。そこに住む彦十さんはこの時、流木を拾おうと船に乗り木をかき寄せた。そのとき流木に混じっている位牌を見付けた。きっと上流の家が流され、家人も死んだのだろう。わしの手に掛かったのも何かの縁だ、祭ってやろうと持ち帰った。そして仏壇に入れ祭ることにした。

ところが、それからはこの家に不幸が続く。占ってもらうと死霊の祟りだという。さては位牌のせいだと気づき僧を頼んで施餓鬼を行った。位牌は再び天竜川に流して祟りをなくしたという。

やはり先祖の霊を祭るのは絆のある者の務めという世間の習いにそむくことは出来ない。先祖あっての自分であり、誰しもこれは同じであるが、この血筋は変えられようもなく、後を祭るのは子孫の務めであって血筋のある者が当たるのが無難であろう。他のことならボランティアでもよいが、こうした位牌のことなどはやはり筋目を正すのが自然の在り方ではないのか。というのも、このような地上的祭祀に関心を寄せ取締ろうとする霊は地上への執着を持ち、感情から脱していない。

それなので自分たちの意に沿わないことを地上の、後を継ぐ人間が行えば、戒告する意味で大小、深浅のそのときの状況に応じた罰を与える。これが地上ではバチが当たった、祟りが起きたということになる。速やかに謝罪して非を改めるのが賢明である。「触らぬ神に祟りなし」といって私たちの先人は、こうした失敗をしないよう気を付けて暮らしてきたのだ。とにかく四次元世界を無視した地上の考えでことを行うのは、益のないことだ。

二つ目の話は、良かろう、先祖も喜ぶだろうと推し量って行ったことが裏目に出たものである。地上の人間の思う通りには、四次元世界は動かない。勝手なことは出来ないのだ。どうしてもというのなら強い念を持って先方に相談し、こちらの気持ちを伝えるのが無難なやり方だ。だが先ほども述べたように、墓とか仏壇、位牌など、まだ地上への執着が抜けない感情的な四次元居住者が共に関心を寄せそうなものを処置しようとする場合には注意が必要である。

再び言うが触らぬ神に祟りなしを実行していくのが、地上で安穏に生活していくための知恵といってもいいだろう。いっぽうではこのような先祖たちに早く成仏してくれ、行くところへ行ってくれという念を、日ごろから持つことが幸せな人生を送る道ともなるだろう。四次元の世界（感情の世界）を脱してさらに高次元の世界（理性の世界）へ昇華した先祖は識見力量とも地上の人間には想像もつかないほど優れた能力をもつので、何事を相談依頼するにしても先祖をあてにするなら、このように高次元（高い世界）に昇られた先祖、いや祖先を頼みとするのが妥当である。成仏するというのは、このような状態になることをいう。すなわち波長でいえば、より繊細な美しい波長を発する世界といえばよいか。

再び繰り返すが、四次元に留まっている先祖さんたちを一刻も早く高次元の世界に昇られるよう励まし諭すことが、子孫に与えられた義務ともいえる。高い世界へ送る強い念をいつも抱いていることが肝要だ。高い世界へ昇華するには永い歳月が必要なことも事実であるが。

8　神社の木

八幡社の伐木の祟りで死んだ源蔵

榛原郡小牧村の源蔵は、同村の八幡社の社木を神主中村日向に譲ってもらった。伐採しようと文化九年十二月七日に八幡社に出掛けた。ところが日が暮れても帰ってこないので家族は心配して行ってみた。すると伐ろうとしていた木の根元のところに気絶している。

家族は驚き呼び覚まして連れ帰った。どうしたのかと聞くと、源蔵は木を伐ろうとすると後ろから袖が引っ張られるような気がした。振り返って見たが誰もいない。それで再び伐ろうとすると、やはり以前のようになる。再び見てみたが着物に掛かるような物もない。

不思議な感じにとらわれながら、また伐ろうとした。そこまでは覚えていたが、どうして気絶したか分からないと言った。その時より体調が崩れ、日増しに悪くなって十二月九日に死んだという。

稲荷社の松を伐り、松の下敷きになった住職

文化三年の冬、城東郡笠原庄の稲荷社で、松の大木を伐ろうとした。ところが神木であることを恐れて、伐採する者がなかった。仕方がないので住職が自分で根元から伐ろうと作業していると、どうしたことかその木が住職の上に倒れて、全身を打ってしまった。

この惨事をそこに来た人が見つけて、大木を取り除こうと鐘を激しく打ち鳴らし、救援の人々を集めた。そして大勢で幹や枝を伐って住職を引き出したが、そのときには息が絶えていたという。

朱印の継目費用に松を与えた下諏訪神

天明年間に神社の御朱印御継目（神社が年貢や課役を免除されるための朱印状の継続手続き）のあったときのことである。豊田郡内の距離の近い、いずれも小さな神社の管理人三人が集まり、継続手続きについて話し合った。各自はこれらの神社はいずれも小さく、

継続手続きにかかる費用を捻出するのは困難だ。

神社の樹木を売って費用に当てようではないかと相談した。ところが立野村の下諏訪神社の管理人である大橋助右衛門は違っていた。収入が少ないといっても、社の木を売ってまで費用に当てるべきではないと言った。

そのようなわけで下諏訪神社だけが境内の木を伐らずにいて、管理人たちは継続手続きを行うため江戸に出掛けた。

そのときのある夜のことである。風もなく穏やかであったが、下諏訪社の鳥居木の松の大木が突然倒れてしまった。助右衛門の家族は驚き、この先どのような災難に見舞われるだろう。あの松が倒れたのは、その前触れだと心配していた。

ところが助右衛門たちは無事に帰ってきたので、家族はほっとした。倒れた松の木はやむを得ず売却したが、その価格は継続手続きにかかった費用と同じであった。これは神のお恵みでなされたことであると、助右衛門は話したのである。

飯王子の杜の枯れ枝を薪に、祟られる老婆

周智郡天宮村に飯王子《しゃくじ》の杜《もり》といって、雑木の生い繁っている森があった。寛政年間のことだが、ある老婆がその森の枯れ枝を採って薪とした。だがそれからは眼がかすむようになり、盲目同然となってしまった。

これは飯王子杜の祟りであろうと思い、天宮の社人乗松衛門という者に頼んで祈願してもらった。すると二十日余りかすんでいた眼がすぐに見えるようになった。これで薪を取った祟りであることが、はっきりと分かった。

飯王子の杜というのは山村に数多くあるが祠を置くところはほとんどない。多くは楠の木を目じるしに、雑木が繁っている森がそうなのだ。何事についても祟りの起こるのは早いので、すばやく祟ることを世間では社宮司《しゃぐじ》の罰といっている。

奥岩戸大明神の伐木の祟りと遠州灘の火

周智郡上郷小国神社の本宮と称して、天宮郷薄場村の奥山に奥岩戸大明神という社がある。その社に続いている山林を、村では農家の持ち山であると言い、本社《ほんやしろ》の神主はこちらの社の境内であると論争したが、結局農家のものとなってその山林は売却された。

その山を買い入れた者は寛政四年に伐採し始めると手足が曲がってしまい、寝起きにさえ介護が必要になった。ある時はその山に雷が落ちて、伐採業者の天宮村の徳右衛門と善之助が重傷を負った。このような不祥事を、神の祟りとも思わなかったのであろうか。

その山林は伐採を終え、製材した杉やヒノキの板を同じ村の清一という人の家にたくさん運び込み積んで置いたが、全部焼けてしまった。まことに恐ろしい神威である。

このようにしてあの山林を買い入れた者は山を放ったらかしにした後十六、七年たつが、最近になって死んだということだ。不幸だったことは書を著すため私（中村乗高）が出した質問に、その者が重い病気になっていたことからも分かる。その者は「病は社の木を買い入れた祟りであるので、そのことを後の世の人のために、この書の片隅にでも載せてもらいたい」と、自らの罪を後悔して話すこともあった。

これに関連したことを述べよう。遠州灘の七十五里は海が荒れることで有名である。したがって沖を通る船は、夜になると方向が分かりにくくなる。そのときこの奥岩戸大明神に祈願し、火を欲しいとお願いすれば必ず火が現れる。そうした言い伝えがあるが、近ごろは世話になったお礼にそのつど「尾振り」といって魚を供える習わしになったという。

霊山の伐木の祟りで一家断絶

幾百年前からか薬師如来を大切に保存している霊山があった。その山には大きな木が繁っていたが、明和年間のころより入札という方法で売却していた。

その如来像を安置してある堂の近くには、まだ伐採のできる木が残っていた。それを入札に掛けようとしたが、祟りが恐ろしいといって買い取る者はほとんどいなかった。それでもまれには買い取って伐ろうとする者があった。しかし何かの支障が生じて、入山するだけで買い取りを辞退することが多かった。

そんなことで価格を下げて売却を図ったが買う者が現れない。だが、ある人は入札価格の非常に低いことに目をつけた。そして伐採業者を集めて、たとえ霊山だといっても公平な手段で取引きし、伐採するからには祟りなど生ずるわけがない、と己れの信念を述べた。そうした信念のもとで堂の周囲の木も伐り出したが、少しの祟りもなく無事に伐採できた。それからその材木を江戸に送り出し、長男をやって売却し大きな利益を得た。

けれども長男は江戸で享楽を重ねてカネを使い果たし、少しも持ち帰りはしなかった。当然のことに親には言い訳ができなかった。それで再び江戸に行き、あちらこちらと売却残金を集金して回り、それを資金にして三、四年の間に現地でたくさんのカネを稼いだ。

その功績があったので家に帰ることが出来た。だが、あの霊山の祟りだろうか、それ以来長男は業病を患い、家にいることも出来なくなった。それでわずかなカネを旅費にして、どこへ行くとも決めないで家を出ていったということだ。

さてその家出した者の姉妹は少し離れた所へ嫁にいったが（嫁いだ所の地名は聞いたが詳しくは言えない）どちらも銃で自殺してしまった。またその家の息子の妻も銃で自殺したので、人々はやはり霊山の祟りだと言っている。長男は家出し、娘たちと嫁は不慮の災難で死んだので、老父は幼い孫の成長に望みを託すしかなかった。

あるときカシの木を伐ろうとして、その木に綱をかけて目的の方へ引っぱり倒そうとしたところが伐採業者が伐ると、その木が老父の上に倒れたので、全身を強く打って死んでしまった。これは霊山の崇りでなくて何だろう。

このようにして幼い孫だけが残された。しかし不幸はまだ続き、ある時土蔵より出火して三つの蔵が全焼し、家財のみか馬さえ二匹焼け死んでしまった。本当に恐ろしい崇りである。崇りをやわらげるには謙虚な気持ちになって慎まなければならない。しかし若かったので孫は従おうとする気持ちがなく、ただ面白おかしく遊んでいるばかりだった。次第に暮らしていけなくなり、故郷を去ってどこか遠くへ行ってしまったということだ。このようにして家が断絶したのは霊山の崇りといえる。

伐木で崇りを免れた道理、与市の話

天竜川の上流に小仏山という山がある。その山の木を買い取って伐り出す人があるが、さまざまな崇りがあって全部伐り終わることが出来ない。次第に買う者が減ってきて価格が大幅に下落してしまった。

豊田郡森本村の野口与市が買い取ったが、崇りがあるというので、その山に入ろうとする伐採業者がいない。仕方がないのであちこちの業者を勧誘して回り、やっと集めた。

入山して作業を始める日に与市は業者を引き連れて現地に向かい、山の中で大声をあげ「この山の木を伐った者は多いが、祟りを恐れて作業を途中で投げ出してしまう。このたびわしが買い取って伐り出すことになった。敢えて祟ろうとするのは神か仏か、誰なのだ。この天の下で神の支配なさらぬ土地などない。国の宝である金や銀をもって買い取り、伐り出すのにどうして祟りがあるのか。神や仏であっても、この道理に逆らうものがあるならさっさと出てこい。ひと討ちにしてくれる」とどなりながら刀を抜き払って手に持ち、山の中を四方八方に走り回った。その威勢に圧倒されて獣一匹姿を見せなかった。それでも一同は最初は恐る恐る作業していたということだ。祟ろうとしていた者も、与市の道理には従うほかはなかったのだろう。

こうして何の祟りもなく、すっかり伐り出して材木にしてしまった。入山に掛かる費用も安かったので、与市は大きく儲けることができた。

与市の子孫は藤右衛門と名乗って三代たつが、祟りは少しもなかったという。これは、その家の老人が話したことである。

神社の木は決して伐るものではない。そこの神社の神官であろうと例外ではない。必ず何かのバチが当たる。祟りと昔から呼ばれている神罰が身に振り掛かってくる。すぐにくることもあり、ある程度時間が経ってからくることもある。だが神社のとがめは必ずくるものと思って、絶対に伐るものではない。この書を著した中村乗高さんは、この中の幾つかの話のなかで例を挙げて注意している。

《解説》

遠州の一の宮であった森町の小国神社。その本宮である奥岩戸大明神の社の裏山の山林は、神社の所有にすればよかった。それを村の所有に帰することにして木を伐る者が現れたが、いずれも祟りを受け不具者になったり雷に打たれたりしている。製材して積み上げていた板がいつの間にか燃えてしまう。その村に所属していた山林を自分のものにした者は十五、六年も山を放ったらかしにした後、死んだという。

こうした事態に神官である中村乗高さんはここの山林を入手して伐った者のその後の様子を調べたところ、一人残らず不幸になっている。なかには木を伐ると祟りがあるので、そのことをあなたの著す書の片隅にでも載せてくれ、人々に神威の恐ろしさを伝えてくれと言って寄こす者もあったという。

住民の幸せを見守り、徳を授ける神が、どうして人々にバチを当てるのか、祟るのかと疑問に思う人も多いだろう。実はそれは神社を守る眷属の四次元の世界にいる自然霊（天狗など）や動物霊（狐など）が神聖な社を荒らされないように守っているからだ。人手によってガードするだけでは限界があるので、このような霊的なものが手を貸して神社の神聖を保っているのだ。神は人にバチを当てることはない。神に仕える下っぱのこうした眷属が神社を荒らされないよう見張り、木を伐ったりする者があれば祟りを起こして神社の環境を守ろうとするのである。

神社は神聖なもの。古代は「ひもろぎ」と呼んで、神の周囲をときわ木で囲い特別な区域にして祭ったものだ。古代の人たちは霊感に優れ、形而上のことは自然に体感できた。時代が下ってからは神社としての形態をとってきたが、このような神のおわす場所は神聖なものとして敬い、そこの木を伐る者などはなかったのである。

だが時代が下って霊感時代は去り精神時代となる。さらに物質が優先される唯物時代になると、古代人のような神聖なるもの、形而上のものを敬う気風が薄れてしまう。自然と神社への関心も薄れて境内が荒れても平気でいる。なかには木を伐って売ろうとする者さえ現れる。それで神というか大自然は自ら人々に神威を示すというか、警告を発する意味で眷属による神罰を加え、自然保護を図っているのだ。

神社とは関係がなく、ただ言い伝えであの山の木を伐ってはいけないという所の木を伐った与市の話がある。度胸よく山にいる低級な霊的なものに道理を言って、そこの木を伐るが祟りはなく相当なカネを手にした。これは当たり前な話である。神社には関係のないことだったのである。

神社の木を伐って祟りのあったのは昔のことばかりではない。参考資料に掲げておいたが、最近の新聞記事によってもタタリのあることが分かる。現在は社がなくても元神社の跡だったところに残り、付近の名物になっているような樹には相変わらず眷属の残党などが住みついている。それを傷めるようなこと（伐るのはもちろんのこと、枝を切ったり、剪定したりすること）を行おうものなら、それに従事した者たちに手ひどい仕打ちをする。不具・病気にして死に至らしめることもある。このため現在でも全国至る所にそうしたいわくつきの樹木が屹立している。祟りが恐ろしくて関係者は手が出せないのだ。私もそうした例を知っている。神社の大木の枝を付近の人たちの要望によって伐ろうと登り、作業中に転落して死亡した大工がいるのだ。当時まだ中年にもならない真面目な建築家だったが、残念なことをしたと今でも思っている。

しかし神は真に正しい目的に役立てようとして神社の木を伐らざるを得ないような場合

には、その代わりとしてそれに相当する費用を、人間の考えつかない方法で捻出するものである。中村乗高さんはこの書のなかで、そうした例を一つ挙げている。今の浜松市か磐田市のあたりの小さな神社の管理人たちが、朱印状の継続手続きのため費用のことで集まった。今も昔もこのような役所仕事には、関係者は悩んだのである。神社の木を売って費用に当てようと二社の管理人は案を出したが、下諏訪神社の管理人はそんなことは出来ないと反対した。三人が江戸へ向かっている間に、その下諏訪神社のシンボルとなっている松の大木が風もないのに倒れ、留守をしていた家族を驚かせた。だが一同は無事に帰ってくる。松の樹はやむを得ず売却された。その値段がなんと、継続手続きにかかった費用と同じだったということだ。

――参考資料――

●江川線歩道の大銀杏（「名古屋新聞」昭和10年4月27日より）

名古屋市の中央にそびえている霊木を中心に、市と地元居住者が暗黙の争いを続けている。

―中区内屋敷町一番地（江川線電車通り柳橋から二町南）の歩道約二坪を占領する老銀杏樹

がこの事件の主である。

この老銀杏、樹齢三百五十年以上といわれよほど以前から地元居住者の間に、この樹に触れると祟りがあると噂されていた。昭和八年正月、江川が埋められて立派な人道ができ上がった時も、この銀杏を移動するか否かが町で問題になった。

しかし、タタリを恐れる付近の人々は誰一人手をかけようとする者もなかった。市土木部でもまた地元の人々の意向によって銀杏の傍らにあった神社は遷宮したが、この樹にだけは一指も触れなかったものだ。が、さてそのタタリというのは何か？

地元の人たちの言葉を借りていえば、あそこへ電柱が立ち電線を引っ張るとき、この銀杏が邪魔だというので枝を切った。するとその電線工夫が数日中に一命を落とした。理髪屋のお爺さんがこの樹に触ったばかりに中風となった、等々。

ところが最近この樹に参詣すると逆に病気が治るというので、参詣者が急に増加した。それで地元の信者が集まり、名も白龍王初春姫大神とあがめ、木棚をつくりしめ縄を張ってお賽銭箱も設けた。霊験いやちこな祠として市内外の人々の信仰をさらにいっそう集めるに至った。

そこでまた信仰者が木棚の周囲に石の玉垣をつくることになり、経費も寄付を仰いでもはや石をたてるばかりとなったところへ、突然市から抗議があったのである。

この結果はどうなるか？　両方の言い分を聞いてみよう。最も熱心な信仰者である同町の某氏は語る。祟りがあることは真実で、今では誰一人としてあの枝一枝さえ取りません。病気も寿命のある病気は治ります。上郷屋というウドン屋のお内儀さんはリュウマチでころころしていたのが、参詣し出してから三、四日でケロリと治ってしまった。

まだ病気平癒の例はいくらでもある。あんな霊験あらたかな白龍様だからもったいないと思って石の玉垣をつくろうとしたのを、中止の命令が出て困っています。

一方、市土木部工営課では語る。この間地元の人々が来てそういうことを言ったから、私の方としては神様のことであるから歩道の交通の支障のない程度でつくればいいが、余り広い大きなものは絶対にいかんと申しておきました。

●タタリがこわい（「毎日新聞」昭和48年10月7日より）

東名高速道路の真下。東京都世田谷区岡本一丁目の住民たちは秋が来るとユウウツになる。近くの高さ二十メートル以上のケヤキの大木七本からの落葉が庭や雨トイに詰まり、掃除に追われるからだ。

ケヤキの管理者は都立砧公園管理事務所。これまで何回も枝落としの要望を出したが、おととしの一回、それもチョピリ枝を落としただけ。ことしも落葉は付近一帯に舞い落ちている。この〝落葉公害〟は都の怠慢とみえるが原因はまったく別。「何しろ、あの木はいわく付きでして…」と同事務所。

ケヤキのあるところは「大六天」と呼ばれた神社跡。お宮は道路を造るため他に移されたが、いよいよケヤキの木を切ろうとしたところ〝異変〟が起きた。枝落としをしていた職人が次々に病気や事故で倒れ、とうとう一人は死んでしまったのだ。

その後は誰も〝神木〟に手をつけようとはせず、道路もケヤキをう回し、大きくわん曲したものになった。今から十五年前のこと。

「頭上を高速道路が走っている今、タタリなんて」という声もあるが、といって「切ってしまえ」などという強硬意見はない。

静かな住宅街も東名高速と環状八号線にはさまれ、車の騒音が押し寄せるなど、すっかり変わった。でも人の心はなかなか変わらないというわけか。

9　神社の祟り

神社を一社に祭ろうとし祟りにあう

長上郡美園庄で寛政十年に久左衛門により八幡社と明神社と村に二カ所ある社を、一カ所にする計画が立てられた。維持費がかかるとの理由で、八幡社へ明神社を移し社を一カ所にして、明神社の土地を更地にするというものだ。

ところがその祟りか、久左衛門は突然高熱が出て死亡してしまった。また社殿がたびたび震動した。だが氏子たちは祟りとは思わなかった。ただ驚いただけで、久左衛門の計画どおり社の木を伐って、新たに社殿を創建した。一社に集めようとしたのだ。

ところが管理人の奥谷某の伯父の油屋某は社の木を伐ったところ、倒れた木の下敷きになり死亡した。それで占者に占わせたところ、両社を一社にして祭ろうとするのは神の御心にかなわないとのことで、計画は取りやめになった。

鳥居建立の独占を図った大工へ神罰

城東郡笠原庄の権現神社の社に鳥居を建設することになったが、神主家を得意先としていたのは、大工五郎右衛門と幸八という者だった。神主中山豊後守吉埴は五郎右衛門を呼んで「おまえと幸八の二人がこの家の専属棟梁であるから、互いに相談し合って鳥居を建ててくれ」と申し渡した。すると五郎右衛門は

「幸八は最近のことですが、賤民の家に行ったことがあるので鳥居の建設に加えることはよくありません」と言った。それなので神主は幸八を呼んで、この件について質問した。すると「そのようなこともありましたが、今後はそんな下賤な所へは参りません」と誓いを立てて鳥居の建設を任せてくれるようにお願いした。神主はそれなら身を清めよと言い、再び五郎右衛門を呼んで、このようなことにしたので承諾してくれと言った。

しかし自分一人で建設したい意向を五郎右衛門が示すので、神主は二人を同時に呼び「それでは一人は本社建設の棟梁とし、あと一人は拝殿建設の棟梁としてやってくれまいか。今までも二人は神社の建設に携わっていたのだから、わしはどちらを棟梁とするとも

決め難いのだ。二人は気を合わせて棟梁を務めてくれ」と言い渡した。

それでもなお二人は棟梁をめぐって確執を繰り返すので、それでは二人の長男をどちらも棟梁に立て、親たちはこの補佐をすること、と決定した。

しかしこの神社は境内が広く、その鳥居を建てる場所は民家の建て並ぶ地域とは離れているので、建設場所に作業小屋を建て、享和二年九月上旬に起工式を挙げた。

それから二日ほどたったころ、このところ気分が優れないでいた五郎右衛門は、二日の間は耐えていたが、我慢できなくなって、自宅に帰ると言って出て行ってしまった。

それからは早く着けそうもない近道を、よたよた帰って行くと、烏帽子を付け狩衣を着た人が馬に乗って来るのに出会った。五郎右衛門は、こんなに細い道を馬で来るとはどうしたことなんだろうと思いながらも、道の端に寄って、どのような人が通って行くのか従者に尋ねた。

しかし何と答えたかはっきり聞きとれず、次第に気味悪くなって馬上の人を見上げることもできないで、道端にかがんでいた。その間に姿が消えてしまった。ほんとにびっくり仰天し、急いで家に帰ると家族に今の出来事を話した。だがその夜から五郎右衛門は体調を崩してしまい、次第に悪化するようなので寝込むことになった。回復したのは翌年の春のことだったという。
このように穢れのあった幸八には障りがなくて、かえって五郎右衛門に災難が振り掛かったことは、どのようなわけなのか分からない。しかし鈴木重年（中村乗高の友人・神官）は
「幸八は穢れのあった家に行ったが、神主の言う通りに身を清めた。五郎右衛門はそれをも承知せず、幸八を除いて棟梁を一人占めにしようとしたので、このような目に遭ったのだ」と言ったという。

ニセの牛王札《ごおうふだ》の祟り

豊田郡森本村の近藤玄貞の家で寛政の初めごろ、台所に置き放しにしてあったカネが誰が盗ったのか、なくなっていた。

その家の女中は手癖が悪いので、さてはと思ったが、少しのことで疑うこともない。それなのでトリックを使って出すに限ると考えた。こっそりと紙を切り、字を書いて熊野牛王に見せかけ、これを飲めば盗んだ者はすぐに現れる。家族全員に飲ませるのだと言った。

それを聞いていたのだろう。その夜になるとカネはもとのままに戻ってきた。

主人はその女中が本当のことと思って出したのか、それとも他の者が盗み、それを恐れて出したのか分からない。多分女中の仕業だと思ったが、ニセの牛王にだまされて出したのは愉快だと家族の者も一緒になって笑った。そしてその牛王札をあっさり捨ててしまった。

するとその後家族の者が患い出し、それも普通の病気とは考えられない。それで易者に占ってもらうと御札を粗末にした祟りだと言った。それではあのニセの牛王の祟りかと気付き、その祟りを祓ったところ病人は良くなったという。

不思議なことがあるものだと、その家の主人の近藤玄貞が語ったのである。このことからニセものだと承知してつくったものでも、それを使うことによって牛王のとがめがおよぶのだということが分かったのである。

《解説》

城東郡笠原庄権現社が現在のどこに当たるのだろうか、確かなことは分からない。しかし、この話のなかでは神社の位置などは重要でない。妥協性のない人間は結局は孤立するか世間から相手にされず、不幸になる。これをテーマにしているからだ。

権現神社の神主はかなり物わかりのいい人物で、えこひいきせず相手の意見を聞き、良い方法を考えようとしているのも分かる。またこの妥協性を欠く棟梁に対し相手の幸八という大工は、率直な人物であることが分かる。二人で協力して共に棟梁として鳥居を建ててくれと、神主は自家に出入りの二人を呼ぶ。ところが一方が意地を張り、どうしても自分一人で棟梁を勤めると譲らない。ついに二人を同時に呼び、それぞれの長男を棟梁として建設に当たれと諭し、折り合わせて工事を始めた。

ところが意地っ張りな棟梁は鳥居の建設場所に立てた作業小屋に滞在することすら億劫に感じて、二日たつと飛び出す。自宅へ帰ろうと近道を選んで行くと、途中で神官の服装をした超自然的な存在と出合う。神の使いではないか、とがめられたのではないかと感じて寝込んでしまう。

あと一つの話は八幡社と明神社の二つの社を一つにして費用を減らす。そして住民の負担を軽くしようとした世話役が、神の祟りを受けるというものだ。あまつさえ神社の木を伐って社の建設の資材にしようとした伯父は伐採のとき、倒れてきた木の下敷きになり死亡する。

いずれも神社の祭神の御心にかなわない行為なのでとがめを受けたことになっている。しかし神は人間にはバチを当てない。神の眷族である神社を守る四次元存在のうち、位の上の龍神、仙人など自然霊が神社の在り方を考え、みだりに社殿を合併したり、鳥居建設をめぐって意地を張り合うことをやめさせるため、崇りのかたちをとって戒告したのである。

神社は産土神をみれば分かるように、神界と地域の人たちとをつなぐ拠点なのであって、住民の総意に基づく運営により神社が成り立っているのであり、身勝手な理由によって動かしたり合併させたり、分けたりするものではない。半恒久的な存在である。したがって神の眷族であるこのような四次元的な介入が目に見えなくても行われるわけであり、祭り行事なども人間の都合で執り行うのはよくない。神意に叶うようにするべきだ。

あと一つの偽の牛王札の話。この牛王は熊野神社など関西地方の寺社が出す、厄除けの護符である。この偽物を作って家族で一芝居うち、カネを盗んだ者を発見しようとしたところ、この試みが当たったというのだ。しかし、牛王のその札は偽物だからといって粗末に扱ったら、家族に病人が出た。占ってもらうと、偽牛王札の祟りだという。

たとえ偽物であろうと、それを使うことによって牛王の祟りが来るといっている。札そのものはただの紙きれであるが、使おうとするのは人の念によるのだから、これらの念に沿って働くものは働くことになるわけだ。神仏に関係するものは心して扱わねばならない。

10 神の恵み

矢奈比売《やなひめ》神社の祭りの通夜の由来

磐田郡の矢奈比売神社（見付の天神社）の祭礼は八月十一日であるが、最近は七月十三日の夜、遠くから来る人も近くの人らも皆参詣して、その夜に通夜するのが習いとなっている。これは社伝にも記載されていないが、人々が群集して通夜する者が多いので、夜に灯などを祭礼の時のように灯して、近ごろはようやく祭礼の形となってきた。

さてこのことの由来を尋ねてみると、どこのどのような人であったか分からないが、ある年の七月十三日の夜、この神社の東北に広がっている野原を通っていると、突然腹痛になった。苦しくてたまらないが仲間もいないし、誰もいない。たった一人で死ぬほど苦しんだ。ところがこの天神社に助けを求めて祈ったところ、たちまち治ってしまった。このことからその後七月十三日の夜、参詣通夜すれば、腹痛で苦しむことはないといって、人々は集まるのだという。

金比羅信仰の恵みで子供の病気治る

周智郡天宮村の中村多助は商売の関係で、毎年江戸に出向いていた。寛政六年にいつものように江戸へ行き、十一月九日の夜は南八丁堀二丁目の漆器屋儀兵衛宅の二階で熟睡していた。

早朝に夢うつつの状態でいると、枕元で、今こそ信心する時だと大声で言うのが聞こえた。驚いて誰だと叫んだが誰もいないし、答えもしない。不思議に思って連れていった茂兵衛を起こした。そして「こんなことが今あったのだ。これは普通じゃない。故郷では何か悪いことが起きたに違いない。それを神か仏が教えてくれたのだ。わしはこれまで金比羅大権現を信仰してきた。明日は十日で京極甲斐守の屋敷の金比羅権現の祭日だ。参詣を許可してくれる日なので、詣でてみよう」と話して二人は十日の早朝に出発し、甲斐守の屋敷で門を開けるのを待ち参詣した。

それから商売のことや、その他すべての雑用を片付けて故郷に帰ってきた。途中で掛川駅の海老屋という飲食屋に立ち寄ったところ、その店の主人が多助に向かって「先日お子さんが病気になったと聞きましたが、それでいつもより早く帰ってこられたのですか」と言うので、驚いてすぐさま家に帰ってきた。すると三歳になる富蔵が門の外で遊んでいるではないか。妙なことだと思って、そのことを家族に尋ねてみた。

するとと富蔵は十一月の初めごろに病気となり次第に重くなった。九日の夜は特にひどくて医師にも見放されるほどだった。このような時こそ神に祈るに限ると、森町村の助八という人が大頭龍権現（城東郡加茂村にあって疫病除けの神という）に参拝のため朝早く出発した。そのときは富蔵の容体が危険な状態にまで陥ったが、朝になって日が昇るころから少しずつ良くなり、幾日もたたないうちに回復してしまった。

後になってその時のことを想い出してみると、漆器屋儀兵衛宅であのお告げがあったときが富蔵の命の瀬戸際だったことが分かる。金比羅権現へ参拝したころから病気が良くなってきたのは、真に神のお恵みを得て助かったものだといえる。けれどもどの神のご援助によって命が救われたかはよく分からない。

思わざるカネを得て伊勢参宮した女中

榛原郡の人々が話していることだが、ある家の女中が一度でいいから伊勢神宮へ参拝したいと思っていた。ある時主人が小判を一両箱に入れたのを見て、その夜こっそり取り出し、それを旅費にしてさっそく誰にも告げずに出掛けた。女中は後から自分を追う人が来るのじゃないかと思い、街道の方へ急いで行った。

あいにくワラジのヒモが切れてしまったが一銭もないので、手にしている小判を銭に両替して貰おうとあちこち回ったが、どこへ行っても断わられてしまった。

どうなることかと思案に暮れていると、どこの人とも知れない男が女中のこの様子を見ていて、そっと道の向こう側に呼び寄せた。

「お前は一緒に行く人もないのに伊勢神宮へ参拝するようだが、カネを持っていると人に思われると、どんな目にあうか分からない。取られないように用心しろ。小判を持っているなら銭に替えてやろう」と言ったが、女中は承知しなかった。するとその男は金二分を取り出して見せ「わしはこっそり取り替えてやろうと思ったけれど、ここにある二分金以外には持っていない。少し待っていろ、外へ行って両替してやるからな。とにかく二分金を渡しておくから、この小判を出せ」というので、本当かと思い、女中は小判を渡した。

　ところがいつまで経っても現れない。さてはだまされたかと気づいたが、行方が分からない。思案に暮れていると、その男が帰ってきた。そして荒々しい声で「きさまはよくも俺をだましたな、あの小判はニセものだ」とどなった。女中も負けてはいない。そんなことあるもんですかと、こちらも大声を出して応ずる。男と女の言い争う声は激しさを増した。

　あたりにピンピン響く争いの声に、近くにいた人たちは何事が起きたのだと集まってきた。双方の言い分を聞いているうちに、男は詐欺師で女中をだましていると感じた。これは男から残りの二分を取り戻すことが先決問題だとそこに集まった人たちは考え、男を責めた。男はこうした方法で旅人をだましてはカネをかすめることで渡世しているならず者である。

　男はこの場をうまく切り抜けることは、もはやむずかしいとみて、身を隠すに限ると思ったのだろう、一瞬のすきをみて素早く逃げてしまった。集まった人々は逃がすな、あの野郎と追い掛けたが、男は人混みの中を駆け抜けて姿を消してしまった。仕方なく戻ってきた人は女中に「あんたには気の毒だが、あいつは詐欺専門のならず者だから皆だまされる。それでも半分は手許に残ったのだから諦めな。そのカネを旅費にすれば、伊勢参拝はできる」と慰めてくれた。

女中はやむを得ないと思い、その二分金を旅費にして伊勢参宮を果たし、無事に故郷へ帰ってきた。そしてこの一連の出来事を詳しく家族に話した。

すると主人は「おかしな話だよ。まったくその男がお前をだまして盗っていった小判は、実はニセものなのだ。旅費に使えるようなものではない。それをその男のために二分金を手に入れ、楽々と伊勢神宮へ参拝できたことは、神の恵みといっていい」と言った。

この話は家族の周りにいた人から聞いたことであり、間違いのないことだ。

旅先で洪水に遭うが神の助けあり

山名郡新堀村の平佐衛門は同郡高部村の幸助の案内で、七人の仲間たちと一緒に大峰山へ出掛けるため、明和四年七月に故郷を出発した。まず尾張の津島神社に参詣しようと佐屋街道に出て、津島に着く日を七月十一日の予定にしたが、その日は雨が激しく降っていた。一行のうち三人がひと足早くしょぼ濡れて、甚目寺村に着いた。

雨の降りがますます強くなってきたので、まだ宿に入る時刻ではないが、ある宿を定めてあったので三人はそこに入った。残りの四人はそうとも知らず、三人の泊まっている宿の前を通り過ぎようとした。それを呼び止め宿をとってあることを伝えたけれど、四人は津島まで行くのだといって聞かず口論となった。

旅館の主人がもう午後四時を過ぎているから、津島に行くのは無理だ、暮れてしまう。このような大雨では行く先は増水していて着くのは難しいだろう、などと言うので、それでは三人に合流しようとすると、六十歳ぐらいの老人が傘を差し、高下駄をはいて出てきた。そして四人の者に「旅館の親父はここに宿泊させようと、なんのかんのと言っているが、今はまだ十二時ごろだ。津島までは楽に行ける。このような大雨なら明日はさらに水かさが増して、津島へ着くのはむずかしい。わしも津島まで行くので案内しよう。親父の嘘にだまされるな」というので、四人は老人の案内するのに従おうとした。残りの三人も仕方なく、ついて行こうと決めた。旅館の親父は約束が違うと怒ったが、謝って出発した。

雨はますます強い降りになり甚目寺村の先の田中の道へ出ると、周囲は一面の水びたしで道が見えない。それでもその老人の先導を頼りに進んでいった。既に足下も見えないほど暮れてしまったが、その老人はいつしかいなくなっていた。一同は狐に化かされたような気がして、口ぐちにぶつぶつ言い始めた。

それからは道案内する者もなく、闇夜の中をたどりながら夜の八時過ぎに津島へ着くことができた。すぐに御師《おし》（宿の世話などをする社の人）の家へ行って宿泊した。翌日になり起きて外を見ると、あたりは洪水で街道はすっかり水に浸っている。仕方なく、その日は津島に逗留することにした。

情報を集めてみると、昨日宿に留まろうとした甚目寺村の周辺は、家屋も人も洪水のため流されたようである。

さては昨日の老人は神のお使い人で、道案内をしてわしらを助けてくれたのだ。そうなんだと、神のありがたさが身にしみ、信仰を深めようと参拝を終え帰ってきたという。これは平佐衛門の話したことである。

疱瘡《ほうそう》と笠森稲荷の由来

山名郡袋井駅の喜之助の子供は、寛政十二年に疱瘡になって病状が悪化した。ある夜、喜之助が夢うつつのときに何者かに告げられた。それは「われは幡鎌村の笠森稲荷だが、お前のところの子供が疱瘡を患い苦しんでいる。われは守護の神として苦しみを和らげ、治すであろう。それゆえ、われの社が風雨のため破損しているので、新しく造ってその礼としてもらいたい」ということだった。

不思議なことだと思ったが、子供が間もなく治ったのでありがたく感じられ、その幡鎌村の名主の村松五兵衛に事情を話して稲荷の所在を尋ねた。

するとお告げにあったように、小さな祠が壊れていたので、同じ形に新しく作って祭ったという。このことについて私（中村乗高）はそこの名主に詳しく尋ねたが、その祠は現在阿弥陀堂の傍らにあるとのことだった。その由来を述べると、同じ村の吉兵衛という人の伯父が江戸に住んでいたが、梅毒を患った。笠森稲荷神社に祈願して治ったので、いつも信仰していた。その人が老齢となって玄龍と改名し、故郷に戻り笠森稲荷の分霊をこちらに移して祭った。

その後玄龍が死んで後を継ぐ者がいなくなったので、阿弥陀堂の傍らに移したということだ。その近くでは梅毒にかかると、そこへ祈願するのだという。

財布を紛失、神仏祈願で見つける

豊田郡川匂庄の鈴木要蔵は天明年間のころ、浜松駅に行っての帰りに、西堀村の渡船場に出た。船頭を呼んだがあいにく昼食どきで、家に帰ったのかいなかった。仕方がないので土手の松の木の下に行き、涼みながら待つことにした。暑い日なので川から吹いてくる風が涼しく、心地よいのでついうとうとしてしまった。

船頭が来て呼び起こすので驚いて船に乗り川に出たが懐を見たところ、財布がない。船頭にそのことを言って船を戻してもらい、休んでいた所を見たがない。

居眠りしている間に人が通らなかったかと尋ねると、いま土手伝いに下の方へ行った者がいるというので、下の方へ一町ほど走って行った。そしてそこを通った人を呼び止めて尋ねてみたが、知らないという。それでも諦めきれず思い悩んでいた。あの財布には二十両のカネと、代官のコメ引き渡し状が入れてあったので、何とか取り戻すことを考えなくてはならない。

それで髪を解き天龍川に入って身を清め、すべての神や仏に祈った。ふと頭を上げて前を見ると、目の前の沼に足跡があるではないか。これは変だと感じたので、調べてみようと跡をたどって行くと、芦が生い繁っている中に足跡は続いている。なおもその跡をたどり芦と芦との間をよく見ると、密生している芦の葉を折りたたみ、その上に自分の財布が置いてあった。これは要蔵の話したことである。

神主の妻の腹痛により出火を免れる

城東郡門屋村の高松権限の神主、中山豊後守の家では、妻がある夜突然腹痛になり温《おん》石《じゃく》（カイロ）を欲しいと言った。神主は次の部屋に寝ている女中たちを呼び起こしたが、返事がない。やむを得ず自ら起きて探したが、寝室には見当たらない。台所に行って囲炉裏で温めようとしたが、火は消えている。

今度は土間に置いてあるかまどを見たが、それにも火がない。だが暗闇のなかに火の気があるようなのでよく見ると、積んで置いたムシロに火が付き燃えようとしていた。驚きあわてて消し止めた。その騒ぎで温石は暖めないで置いたが、消火活動を終えてから妻の容体をみると、そのときには回復していた。

これは火事になろうとしたので、それを知らそうと妻を苦しめたのだ。それは分かったが、どこの神のお恵みとも知れないので、八十万《やそよろず》の神に感謝したということだ。それは文化元年冬のことであったが、神主家ではその日味噌豆を煮るため、いつもより火を使うことが多かった。その火をうっかり扱い、このようなことが起きたのではないかという。

老病人が神仏からカネを授けられる

山名郡袋井駅に菅原小路という所がある。その小路の付近に方丈村中野助左衛門地内という所があり、伝十という人が住んでいた。老齢となり病身でもあるが、享和三年の冬、二分二朱のカネが必要になった。ところが病身のため働くことが出来ない。思い悩んでいたが、十二月十五日の夜、夢で誰か分からないが二分二朱のカネを与えてくれた。そこで目が覚めた。カネが必要だと思いながら寝たのでそんな夢を見たのだろうとまた眠ると、再び夢か現実かはっきりしないが、二分二朱が布団の下に置いてあるような気がした。翌朝布団の下に手を入れてみると、紙に包んだ二分二朱のカネがあった。奇妙なことがあるものだ。わしが明けても暮れても二分二朱のことばかり考え、それで悩んでいたので狐が祭してわしを化かしたに違いない。朝日に当てれば石ころになるだろうと時々出して見たが、本物のカネだった。

それでは狐が化かしたのではない。神仏がわしに恵んでくれたに違いないと、近所の人に話した。

十二月二十一日の夜はお日持ちといって近所の人たちに酒や食べものを振る舞うが、このときあちこちの神社に代参してもらった。この話は二十二日の見付（磐田）天神の社に参拝した者が話したのである。

まったく奇想天外な話なので私（中村乗高）はかの方丈村の中野氏にも尋ねてみたが、やはりそうだという。この人は正直で嘘をつくような人ではないので、あの二分二朱は神仏の恵んだものに違いないと言われている。

《解説》神さまに病気治しのことや災難をよける、商売を繁盛させることなどを祈願する。その願いが叶えられることもあり、そうでないときもある。そのときの事情で神が願いを聞き入れてくれることもあり、相手にしないときもある。神はオールマイティであって超常的存在であるから、人間が何を想い何を望んでいるかぐらい、願いを言上する前から分かっている。人間の願いはほとんど狭い料簡から出た、感情や欲の混じったものである。先のことが判然としているだけに、この願いは聞き流すことがこの人間には一番ためになると、神が考えられることも多々あることだろう。このような場合は神頼みは叶えられなかったことになる。人間が神詣でする話の大部分はこのようなものではなかろうか。

しかし、ごくまれではあるが願いが叶うこともある。すぐ叶うこともあるし、もう駄目だと諦めたころ、思わぬ形でその願いが叶うこともある。大分時が経っているので、あのときの祈願の結果とは思われず、本当に偶然に希望どおりのことが起きる。欲しかったその物が手に入る、相手がこちらの思惑にかなうように動いてくれる。そうしたこともあるのである。そんなことから超自然的な存在を信じ、神のありがたさが分かるのである。その願いが叶えられるにはその人間の存在、資質がものをいっている。また祈願に掛ける真剣さも神には適否の判断材料になるだろう。神の目から見て切実な願いか否か、叶えることが本人にとってためになるかどうかは一目瞭然である。すぐに叶えられることもある。水の低きに流れるように自然に抵抗なく行われるのだ。

神への祈願が切実なもの、本人の真剣さが表れているものをこの話のなかで拾うと、次のものであろう。

　浜松へ行った帰りに天竜川の渡しで船を探したが昼どきで船頭が家に帰っていない。仕方がないので待つことにして土手の木の影に寄り、暑い時季なので涼を求めて休憩しているとき、ついうとうととしてしまった。その間に懐の財布を盗られてしまった。一度乗船したが、すぐ元の所へ引き返して探したがない。ここを人が通らなかったかと尋ね、一人土手伝いに下っていった人がいると聞いて追いかけたが、知らないという。しかしこの人間が犯人であり、財布を近くの沼に茂る芦の葉の中に葉を折って台として乗せておいたのだ。その財布には二十両、今のカネにして百二十万円ぐらい入っている。米の引き渡し証も入っている。ひと財産が失われたことになる。その人は真剣になって心から神に祈った。髪を解き天竜川に入ってミソギハライをした。いわば水垢離をして、神に窮状を訴えた。これは聞き届けられ、沼の足跡をたどって行くと、芦の葉の上に置いてある財布を見付けたという。祈願も当然のことで真剣さも堂に入っている。神の目からみて願いを叶えるのが順当とうつり、陰徳を積んだ謙虚な人柄だったのだろう。差し迫った状態を見て即座に叶えてやったのだ。

　高松権現は今の御前崎市にある神社であろう。その神主の妻が夜間に突然、腹痛を起こした。隣に寝ていた神主は温石を持ってくるよう言われ、隣の部屋を開けたが女中たちは深く寝入っている。仕方なく自身で探し出し、居間の囲炉裏へ行ったが火がない。土間へ下りてかまどの火を当てにしようとしたが、これも駄目だ。ふと辺りに目をやると火の気があり、むしろが燃えているようだ。これは大変だとすぐに消し止めた。温石は暖めないでそのままにして置いたが、妻の腹痛は治っていた。

これは自分に台所の出火を知らせるために神が仕組んだことだったのではないかと、思い神主は八十万の神に感謝したという。実際の話、神社が失火のため焼けたのでは地域の住民に不安を与え、その後の神事に支障をきたす。神の特別の配慮もあったと解釈したらよいのではないか。

他の話では、榛原郡あたりに住み込みで働いていた女中が、かねて伊勢神宮へお参りしたいと機会のくることを願っていた。だが女中のこととて行動が自由にならず、第一旅費を得る手段とてない。一生に一度は伊勢参りと庶民の誰もが希求していたことなので、この女中が普段から参詣をつよく望んでいたことにも納得がいく。

しかし思わぬ形でチャンスが巡ってきた。主人が一両の小判を箱に入れるのを見た。どうしても伊勢神宮へ行きたいと強く望んでいた女中は前後の見さかいもなく、夜になって家中が寝静まったのをみて、その箱から小判を抜き出して誰にも行き先を告げずに出ていった。後を追ってくる者はないかと考え、街道へでて足早に歩いた。ところがワラジの紐が切れた。小銭に両替しないことには紐代だって手にできぬ。当時は両替商が繁盛したというが、現在の銀行みたいな存在だったのでもっともなことだと納得できる。

結局この女中はならず者の詐欺師に遭いその小判を取られてしまうが、二分（現在の三万円）のカネを手にすることができた。伊勢にも行けた。帰ってきてから主人にあの小判は偽物と告げられ驚くが、神がおまえに旅費を恵んでくれて伊勢参宮が出来たんだと諭される。道中で少し恐い思いはしたが、一生の願いが叶って女中は満足したことだろう。

ブリストルの著した「信念の魔術」を読むと、心に強く希求し信念していれば、いつかその想いが叶えられるという。彼は第一次大戦のときには一介の兵士だったが、末には必ず大実業家になると固く心に誓い、いつもその信念を持ち続けていた。その後銀行員となり頭取に昇進し、ついには実業家になった。この女中はブリストルの原理に従っていたことになる。伊勢神宮に一度は行きたいと、いつも心で強く念じていたにちがいない。その思いがひょんなことから実現できたのである。こうしてみると神の働き云々とは別の範疇に入れるべきものかもしれない。

次の話に移る。やはり普段から金比羅神宮を強く信仰していた多助が、子供が疫病にかかり容体が悪化したとき、故郷を遠く離れた江戸にいて夢うつつの状態でそれを知った。翌日大名屋敷で開帳された金比羅さまの祭壇に参拝する。子供の危急を救って貰いたかったのだろう。その効果があったのか、子供は他の人の援助もあって助かった。神の加護を引き出した多助の信念の強さが、このような効果を生んだのである。

また別の話になるが、現在の袋井近在の農民たち七人が盆休みを利用して奈良の大峰山へ旅行に行った。途中で現在の愛知県津島市にある津島神社に参詣する計画を立てて出掛けた。祭神はスサノオノミコトである。ちょうど台風まがいの雨の中で豊橋近郊の村にまで到着し、うち三人が先駆けして宿に入っていた。それを知らずに通り過ぎようとした四人を引き留めるが、先を急ぐ四人と意見が合わず論争になった。宿屋の親父は新たに四人の客が見込めるとあって、もう四時近いから津島神社まで行くのは無理だ。ここへ泊まれと言う。なにせ時計のない時代であり、この日は雨で薄暗く親父の言うのは本当と思えたのだろう。それに従おうとすると、どこからか六十歳ぐらいの老人が傘を差し高下駄をはいて出てきた。そして今はまだ十二時ごろだ。今からなら津島さままで行ける。わしも行くからということで、七人は老人の先導で雨の強い中を出発する。途中大水の出た個所もあったが、八時ごろには神社に到着でき御師の家に泊まることができた。

　翌朝になって一行は驚いた。あたり一面水浸しで、洪水が起きた状態に見える。その日は御師の家に足止めになったが、集まってきた人たちの情報を聞いてさらに驚いた。台風まがいの大雨が土砂降りとなって、昨日はいったん泊まろうとしたあの村の辺りは洪水となって、宿も人家も流されてしまったのだという。多分一行が津島神社へ寄る予定にしていた七月十一日は、今の暦に直すと八月末にあたるので、大型の台風が東海地方を襲ったのであろう。

　七人は命びろいをしたわけである。これはその人たちの命を助けようとして神意の発動があり、津島神社につながる眷族の一人が老人の姿をして一行の前に現れたと解釈できる。この眷族は人間であり、物質化したものと思われる。神は直接働くことはなく、このように神社には多くの眷族がいるので、その者たちが人々の願いを聞き適当に計らってその中の専門家を用途に応じて手配するのだ。

　笠森稲荷の話は中村乗高さんが確認した実際起きたことだ。稲荷の眷族である狐霊が疱瘡を治したわけである。もし疫病神の災いであるなら、狐霊の方が位が高いので簡単に追い出して病を治すのである。

最後のカネを恵まれる話だが、年の暮になって年越しの二分二朱が必要になった。ところが老齢で病身のため働くことができず、気ばかりあせるが工面する手だては見付からない。どうしようと思い悩むが、貸してくれそうな相手もいない。ただただ悩むばかりで夜も安眠できない。そんなとき十二月の十五日の夜のことだが、うつうつとして眠っていると誰かがカネを与えてくれたような夢をみた。夢か現実かはっきりしないが、布団の下に手を入れると、ガサリとした手応えがある。引き出してみると、紙に包まれた二分二朱だった。十二月二十一日はお日持ちということで感謝を込めて酒や食べ物を皆に振る舞った。そのお返しの礼として神社へ代参してもらった。

二十二日は見付天神の祭日だったので、そこへお参りに来た近所の人が話したという。私（中村乗高）は方丈村の中野さんに尋ね実否を確かめたが、その話は間違いないというのだ。話の主人公は方丈村中野助左衛門地内というところに住んでいたところから、中野さんとは面識があったはずだ。この人はたいそう正直でウソのつけるような人ではないので、中村乗高さんは実際に起こったこととして報告しているのだ。

いくら神仏にしても戸締まりをした家の畳の間の、しかも布団の下に希望どおりの二分二朱の硬貨を持って来られるものだろうか。気持ちを理解すれば、働いて稼いでカネを得させるのが妥当と思われる。その道を付けそうなものだ。また猫に運ばせる手段もある。しかし直接布団の下に紙に包んでしのばせてあった。このことは可能か、神仏だから霊的な存在だから可能か。

これは心霊知識があれば解釈が可能である。物品引き寄せ現象といって、遠近を問わずどこからでも目的とする物がその場所へ届けられるのだ。この現象を起こし得る霊媒がいれば、簡単によく起こる現象である。私はかつて心霊科学研究会という浅野和三郎氏の設立した研究会に属していたことがある。氏は日本に近代心霊研究を唱導された人だが、当時は高弟の脇長生師が指導していた。そのなかの会員に医師がいて米国へ留学した人だったが、その人がネクタイピンを手にしていた。氏が留学当時、米国のインディアナ州のチェスターフィールドという所で毎年夏に開かれる一流の霊媒たちの集まる実験会に顔を出した。そのとき霊媒の一人が、その医師の東京の自宅からチェスターフィールドの実験会場へ引き寄せたものだという。ありふれたネクタイピンだが、珍しく貴重なものなので拝見させて貰った。彼は米国の本場で心霊知識を獲得していることもあって、いい加減なことを言う人ではない。医師という職業柄、科学的な知識も豊富で、でたらめな集会へ顔を出したりはしない。

その心霊科学研究会の機関誌であった「心霊と人生」の12巻1号（昭和九年十一月）に、当時大阪の開業医であった中村弘治さんが、物品引き寄せ現象を解説している。この人も心霊研究には熱心であり、そのころは日本にも優秀な霊媒がいたこともあって、さまざまな心霊現象実験会に出席していた。あるときこの物品引き寄せを得意とする霊媒の実験を間近に見て、そのメカニズムを霊から聞き解説している。

霊の説明を聞くと、物体を一時気化するのだという。それをエーテル体で抱えて現場へ運ぶという。これなら戸を閉ざし鍵を掛けた部屋であっても少しの隙間から運び入れることが可能である。その後再び元の物体へ戻すのだ。

さてこの話に戻るが、ここでは主人公の背後霊（その人の人格面を指導する霊）が行ったことだと考えられる。神仏が直接手を下すことは絶対にない。他のどこかの家で使うことがなく余っていた硬貨二分二朱を、その家へ運び入れ、布団の下へしのばせたわけだ。神仏が恵んでくれたという話は多いが、この裏ではこのようなことが行われている。正真とか熱意がある人で、この人を救おうと見込まれた人に起こる現象であって、奇蹟ではない。

物質は見た目ほど固いものではなく、物質を構成する分子の連結状態も、考えられているものより緩慢なものらしい。したがって物質を気化するには、霊の念と媒介となる物質（この場合は霊的エーテル体）の条件が整えば速やかにその状態になる。ここでも活躍するのはエクトプラズムである。霊媒から抽出された霊的存在物であるエクトプラズムがその目的とする物質を覆い、霊媒がエーテル的身体（幽体）を使うことによって分子間のつながりを解けば、物質は気化し、これを除けば元の物質に戻るのだ。霊媒に働く霊の念の作用が根本である。

——参考資料——

●母もの稲荷奇跡談（「毎日新聞」昭和28年5月1日より）

所内の一部を焼いた大映東京撮影所では全所員が休暇を返上して、焼け跡の整理に当たっているが、名物の〝母もの稲荷〟も類焼してカツギヤ（縁起を気にする人）のスタジオマンを暗然とさせていたところ、火事の翌朝その〝御神体〟がこつ然と所長室にあるのが発見された。永田社長以下大変な喜びようだったが、さて火事の際にこれを持ち出した殊勲者が誰か？　いくら探してもいない。

これは御神体が自らお移りになったものだろうと一同襟を正している。

――〈解説〉物品引き寄せ現象が実際ある以上、これを認めざるを得ない。真の事実であって奇跡ではない。だが高級な霊の働きによるものではない。(心霊研究家・脇長生)

11 秋葉山

秋葉山で火防札を落とし神が拾う話

豊田郡前野村の鈴木常吉が十六歳のとき、寛政の初めごろのことだが、従者を連れて秋葉山に参詣した。そのときたいそう疲れ、日が暮れてから麓の宿に着いたが、途中の道で「火防の札」を落としたことに気付いた。

困ったことになったと話していると、宿泊をここにする旅人が聞いて「私も日が暮れてから山を下って来ましたが、道で大きな人と出会い、その人から少し先を十六歳ぐらいの前髪の若者が行ったが、ひどく疲れているようで御札を落としていった。持っていき渡してくれと言われ、少し迷いましたが受け取りました。これがその札ですか」と札を出した。

それは取り落とした「火防の札」であったので常吉は喜んで受け取り、帰って行った。

それにしても闇夜だったことや大きな人が現れたことなど、神の働きがあったと常吉は言う。

山火事を秋葉山に祈願、無難にする

豊田郡敷地村で寛政十年の冬に山火事があったが、このとき北西の風が吹きあちこちに燃え広がった。山麓の家々に火の手が延びてきたが、風下なので防ぐ手段がなく、ただ夢中になって秋葉山に祈願するのみであった。するとまもなく風が南東に向きを変え、山頂に燃えていった。そのことがあって住民たちは家屋の火を消し、延焼をまぬかれたという。これは私（中村乗高）がそこを通りかかって実際に見たことなのだ。

火事の最中に祈願、秋葉山難を免れる

安永年間のことだが周智郡天宮村の太右衛門の家から出火して、隣の弥助の家へ燃え移りそうになった。あいにく西風が吹いているので防ぐ手段がない。弥助は川に入って身を

清め秋葉山に向かって祈願すると、風がたちまち東向きになり延焼をまぬがれたという。これは弥助の語ったことである。

また天明年間に同じ村の家屋の並んでいるところで火が出て、逃げられる家がないように見えた。だがその村の又八が川に入り、身を清め秋葉山に祈願した。彼は自分の家を構うことなく神社に向かって走った。すると又八の周囲の家はすべて焼けてしまったが、又八の家は小さかったが一軒だけ助かった。

秋葉山開帳の接待茶に祟る茶袋の穢れ

周智郡天宮村の野口藤蔵は、秋葉山が開帳するので接待のお茶を出そうと、準備した。それで隣の萬屋弥右衛門宅で頂いた布きれを茶袋にしてお茶を入れ、神社に来る人たちを接待した。

ところが立ち寄っていく人は一人もいない。奇妙な感じがしたが、正午すぎに隣の孫右衛門が来て、昨日譲った布はある寺より買ったものだ。茶袋に使うと穢れがあるかもしれない、取り替えようと言う。すぐに茶釜などを洗い清めて茶袋も替えた。

するとまだお茶を出す支度が出来なかったにもかかわらず、街道を行き来する旅人が立ち寄るようになった。お茶を求めていくのだ。天宮村は東海道掛川駅より秋葉山へ向かう街道沿いにある。森町へと続いているので、接待のお茶を出したのである。

秋葉山で謡をうたい難にあう

周智郡馬ヶ谷村の久永屯という人は、能楽の謡の師匠で大勢の弟子がいた。その屯は海や山などの自然の場所では謡ってはいけないと、厳重に注意していた。その理由を聞くと、掛川駅にいる師匠の弟子が秋葉山に参拝して夜になって下って来るとき、何気なく謡をうたい出した。すると数百人もの声が合わさったかの笑い声が、どおっと山や谷に響いた。身もすくむ思いがしたので、一目散に駆け下りてきた。麓の宿でその体験を語ると、宿の主人は、この山には「山姥の宮」と呼ぶ祠がある。秋葉山の本社の裏にあって供え物が絶えないという。

したがって謡曲「山姥」を謡うことは差し控えなければならない。屯はそのようなことは初めて知ったと言い、海でも山でも謡をうたうときは用心しなければならないと言った。

《解説》

秋葉神社の新しくなった拝殿のしめ縄はずんぐりと太く、社の建物も金色で背後の山々に映え実に荘厳である。手前の秋葉寺には、今は浜松から遠鉄バスに揺られて行けば、坂下のところまで乗っていける。九里橋は赤く塗られて景観を高めているが、ここを渡ると参道の二丁目の丁石が立っている。江戸の昔にはこの丁石に火をともし、登っていく階段を照らしたものだという。昔からの旅館も「なかや」一軒になってしまったようだが、昭和十四年にあの種田山頭火がここに泊まっている。静かな土地柄を誉め、満足したと記している。

秋葉神社の祭神は火之迦具土《ひのかぐつち》の大神といって火の元締めをする神であり、当然のことに延喜式にその名が見える。神社の下に位置する秋葉寺は火防の神として敬われている三尺坊が祭られている。この三尺坊は神社の高い位置にいる眷族であって、高級な山人（天狗）であるといわれる。秋葉山を有名にし、全国に名を広げたのは三尺坊のおかげであるといってもいい。天狗だと言われるよう秋葉寺の大きな提灯にも羽団扇が描かれている。天狗は人間とのかかわり合いで防災や文化面で指導してくれる。彼らは現界と紙一重で接する四次元の世界に居住して、火災や自然災害を未然に防ぐことに貢献している。また、それとなく社会の動向に気を配り、心得違いをする人間には罰を与える。これが崇りとして恐れられもするのだ。

とにかく秋葉山には天狗界があることは間違いない。この話のなかで能の謡を秋葉山を下りながら山中で謡った。すると山や谷を揺るがすほどの音声で一斉に笑うのが聞こえ、それが周囲に反響して恐ろしかったと言っている。この笑ったのが山に籠っている天狗たちであったのだ。おそらく謡が彼らからみて下手なので笑ったのだろう。

それに「火防の札」の話。秋葉山の守り札として全国的に有名な札だが、これを下山の途中で落としたのか紛失し、悩んでいる若者がいた。それを拾い同じように下山していく旅人に託してくれた人がいた。大きな人だったと託された旅人は語っているが、おそらく天狗ではなかったかと思われる。天狗が人の形をとったのだ。若者と旅人が出会った麓の宿は、森町のはずれにある三倉の旅館のことだ。

秋葉山の真骨頂は火防にあり、火の災難から人々を守ることである。森町の隣の天宮村に火災があったときのことだが、西風が吹き村に火が延びるのは必至のことであった。話にある弥助は太田川に飛び込み、ミソギハライ、いわば水垢離をして秋葉山に向かい、火を防いでくれと祈願した。すると風の向きが東南に変わり難を逃れたという。同じく又八は西側に家屋の並んでいる村に火事があり、村が全焼しそうだ。火の勢いを見て又八は、やはり太田川に飛び込み水垢離をとった。そして自分の家が危険にもかかわらず、秋葉山めがけ火防の祈願をしながら走っていった。戻ってみると自分の家だけが焼けずに残っていた。

秋葉山への街道は塩の道でもある。相良から出発する道は、掛川を通り森町を抜け三倉へ入る。そして気田川を犬居の渡しで越えてから坂下へ着く。この話にある天宮村は森町の少し北方にある。ここをその秋葉街道が通っているので、沿道の人たちは旅人に茶の接待をした。

その話によると茶の接待をしようとした人が、隣の人から譲ってもらった布を茶袋にして茶を煎じた。ところが旅人は一人も立ち寄ろうとしなかった。変だなと思っていると隣の人がやって来て、あなたに渡した布は私が昨日お寺から譲ってもらったもので、汚れていますと言う。それではと、すぐ茶袋を新しいものに取り替え、茶釜も洗い清めてたて直した。すると間もなく旅人が寄っていくようになったという。秋葉神社に対しては一般の寺は、神社と寺の違いがあるので、神官である中村乗高さんはこの話を採り上げたのだろう。

山麓の村に火事があったときも、村人の一人が秋葉山に向かって祈願した。風向きが変わり火災から逃れられたという。中村乗高さんはその事実を調べるため現地を訪れ、村人に尋ねて真偽を確かめている。

この他の話も同様であり、この書に載せた話はすべて裏付けをとってあることが、話のなかの所々に述べられている。したがって、この書は単なる見聞記ではなく、体験をもとにして自らの見解を述べた学術書とみなしてもよいのではなかろうか。

秋葉山への街道は浜松から北上し、天竜川の鹿島を渡り光明山を越えて坂下に出るコースもあった。また愛知県の鳳来寺から奥三河へ通じるルートもあった。このように古くから遠州の魅力を高めてきたのは秋葉山であることが分かる。

12　祠と厄病神

道理を説き祠の祟りを祓った話

豊田郡中部村の岳八の屋敷に、昔から神の祠があった。天明年間に少しの穢れがあっても祟りがあるので、岳八はその祠に向かって「古くから神の社として尊敬し、恐れ慎んできたのに、このような賤しい者の屋敷にいればたまには穢れることもあるのだ。だが少しのことを責めたりバチを当てたりするではないか。尊い神であるなら早く奇麗な所へ移転してくれ。けれどもなおこの地にいるというならば、これからは少しばかりのことを取り上げて責めないでくれ」と強い調子で道理を述べると、それからは祟りがなくなったという。

祠の祟りに道理を示し祟りを祓う

豊田郡川合村の庄吉の家の屋敷には昔から祭ってきた小さな祠があったが、どのような神であるか分からなかった。だが家族が病気になったり、さまざまな弊害が起こることが多い。

あるとき家族が心配するので占ってもらったところ、屋敷の中の神の祟りでこのような苦しみが起こるのだと言われた。

庄吉は腹立ちまぎれに祠に向かい「昔からわが家では先祖代々祭ってきたが、どのような神なのかも分からない。だが家の守護神と思っていたから祭ってこられたのだ。それなのにわが家を平穏無事にしてくれるどころか、すぐに責めたり祟ったりする。こんな案配じゃ神として祭るわけにはいかない。この屋敷には置いておけないから、とっとと出ていってくれ。だが、これまで通りここにいたいなら、責めたり祟ったりではなく穏やかにしてくれ。わしの言うことが分かるなら、家族の苦しみをなくしてくれ。そうでなかったら天竜川に流すぞ」とどなって家の中へ入り病人の様子を見た。すると容体がよくなっていた。それからは祟りも起こらなくなったという。これは先に記した兵八の話したことである。

この庄吉の行いはたいそう恐れ多いことであり、教養のある者のやることではない。しかし効果があったことは、他に理由があるのかそれとも位の低い神だったのか分からない。

見付から二宮村へ移動した疫病神

豊田郡中泉村に秋鹿立也という医師がいた。寛政年間のころ、磐田郡見付駅で疫病を患う者があるので治療に行った。すると患者がうわごとで「われらは二宮村に移動する」と言ったが、変だなとも思わないで帰ってきた。

それから四、五日たったころ、突然二宮村で疫病が発生した。秋鹿立也が行き診察してみたところ疫病であることが分かった、と話したということだ。

麻疹《はしか》神が当家から他村へ移動した話

享和三年の夏はどの地方でも麻疹が流行した。豊田郡源兵衛新田村の源兵衛の家では家族が麻疹になった。

ある日二人の子供が寝ている所に髪の長い人が来て「われは今から長森村の膏薬屋へ行く。お前らの苦しみは良くなるぞ」と言って出て行った。

それが子供でも奇妙なことに思えたのだろう。父の帰るのを待って、そのことを話した。するとはたして長森村の膏薬屋、山田与左衛門の家で家族が麻疹になった。

これは、それより三日ばかりたった後に源兵衛が話したことだが、月日は記さないでおいた。

疱瘡神を恐れない伝八郎の話

豊田郡森本村の伝八郎は度胸のある人間だ。あるとき子供が疱瘡にかかったので、妻が疱瘡の神を祭ろうと言ったが従おうとしなかった。というのはこの地方では疱瘡神などといって祭るが、関西地方へ西国順礼に行った人の話によると、和歌山の地域では百日癩病という。

病気になると百日間、山深い所へ隔離するのだ。そのうえ患って苦しむのみか、人の顔に一生あばたを残す。

そうした疫病神を祭らなければならないのはどうしたことなんだと、絶対に許そうとはしなかった。

しかし妻は疫病神のことが頭から離れず、こっそりと隠れた場所に祭った。それを伝八郎がみつけカンカンになって怒り、俺の言うことが聞けないかと、疱瘡神を祭ってある棚をたたき壊してしまった。

妻は心配になり、この地方ではこんなことをするのは病人の死んだときだけだ。このように疱瘡神を恐れない行為をしたからには、どのような恐ろしい目にあうか分からないと、心配した。

しかし子供たちは病状が軽くモガサ（疱瘡）もできなかった。遊びながら治したのだ。これを伝八郎の長男、太郎左衛門が話した。

疫病神に憑かれ、ばくちを打った話

豊田郡大谷村の内山家の長男は疱瘡にかかると、通常の状態ではなくなり、ばくちに熱中する。大勢の人を集めて昼夜ぶっ通しで行うが、これは疫病神に憑かれての行為のようで病気が治るとぱったりやらなくなってしまうという。

《解説》わが国に近代スピリチュアリズムを導入し心霊科学研究会を設立、裏付けのある科学的な研究によって心霊知識を普及させた浅野和三郎は、神の概念を四つに分類している。

第一義から第四義にまで分け、それぞれを次のように説明している。まず第一義の神は宇宙の独一的絶対神である天之御中主《あめのみなかぬし》神であるとし、第二義の神は差別的相対的な神々であって陰陽二係に属していると説いている。すなわち日本での八百万神であり、私たちが神と呼び親しみながら崇拝の対象にするのはこの第二義の神のことである。どこの街の町内にも存在する産土神などは最も代表的な神であるといってもよい。祭礼などが行われ身近に感じられる神である。

　第三義の神は霊魂界に居住する優れた人霊、あるいは動物霊であっても何かの威徳をもつものを祭った神である。二宮尊徳、吉田松陰などを思い浮かべるとよい。報徳社、松陰神社としてお参りする者が後をたたない。これ以外に第四義の目に見えない霊的な存在を浅野氏は神として分類している。昔から村はずれの堂や祠に祭られ、身近な存在だがいかなる神かわからない。しかし一応は神だから粗末にはできないと、供物を上げて祭っている。またこうした祠に手を合わせ、少しのご利益を頂くこともあっただろう。

　稲荷神社は伏見稲荷神社を総本社にして全国津々浦々に存在するが、これは狐霊ではなく「うがのみたまの神」といって産業を司る神である。元来は食物や稲など農産物を保護する神だった。漁業や商業にもかかわっている。そしてその眷族の狐霊の方が馴染みやすいと祭られ、いつしか稲荷といえば狐といわれるようになった。屋敷神としても祭られる。

　しかしこの話の兵八や庄吉の家の祠はきちんとした名前が分からない。第四義の神を祭ったものであろう。欲や感情をもった低位の霊的存在なので、供物が上がらない、祠を汚された、無視されていると感じれば祟るのである。だが祭る人たちの理性には逆らえない。理性や知性のほうが感情より上なので、理性をもって諭されると低い霊的存在ゆえ、もっともだと服従してしまうのだ。兵八も庄吉も道理を強く叫んだので祠の主は尻尾を巻いて服従したのである。

また疫病神や麻疹神など貧乏神と同じく第四義の神であるから人にわざわいをもたらすが、道理と強い意志を示せば退却するのである。子供が髪を長くした麻疹神を見たというが、汚れの少ない純心な彼らはこうした霊的存在を目にすることがある。一方では高熱にうかされて幻を見ただろうと言われる。だが少し離れた村の膏薬屋へ行ったと言い、その裏付けが取れているので幻ではなく実際に霊視能力を一時的に授かり、子供は目にしたであろう。疱瘡神を恐れない伝八郎の話が載っているがこうした例はまれであり、いかにこの人が理性的で度胸のよい人かが分かる。昔はこのような人もいたのだなと、改めて感心させられる。

――参考資料――

●怪しい老婆姿（川上虎吉「心霊と人生」6巻12号より）

今年十五歳になる私の二女信子は四つの時だと思いますが、春の桜も今日が終わりという日の夜、痲疹の容態を現し始めました。

苦しむので妻と妹が日夜交代で看護しましたが、四、五日たつと高熱が続いたためたいそう衰弱してしまいました。水を飲もうとする力もなくなり、仕方なくガーゼに浸して口に入れてやっておりました。

その夜は妻も妹も睡眠不足に疲労が重なり十一時ごろより熟睡してしまいました。それで私が代わって看護を行い、眠っている娘に時々吸入器で蒸気を口にやっておりました。

一時ごろだったと思います。私は傍らにある自分の布団に入りましたが、看護しなければと思い目を覚ましていました。疲れているといっても寝入ることはなかったので、これは夢ではありません。トイレの側の部屋に何か気配を感じたので振り向くと、私の部屋との間の障子の隙間に高さが二、三尺ぐらいの小さな老婆の姿が覗けたのです。

電気の光が当たっているので見違えることはありません。目が窪み頭に手ぬぐいのようなものを被って杖をついているのです。こちらの部屋をじっと見詰めているので、私は何者だとどなりました。すると老婆はすうっと消えるように姿を消しましたが、妻と妹は驚いて目を覚まし、何ですか、と叫びました。

私はそれから眠れなくなり、妻と妹が起きるまで蒸気の吸入を続けていました。妹は回復の時期に来ていたのでしょう。朝からは熱も急に下がって快方に向かったのです。

あの老婆はよくいう疫病神か死神の類だったのでしょう。どなったので逃げ、病人は助かったのだと思います。

●字を知らぬ子が字を書いた（井上時雄「心霊と人生」25巻4号より）

K夫人の息子さんが四歳の夏、急逝されたときの出来事である。

この息子にはそれまでひらがな、本字など文字は一切教えていなかった。それが亡くなる五日前。突然紙や鉛筆を欲しいというので、何をするのかと変に思いながらも渡した。すると紙と鉛筆を使いハッキリと「死」と書いたのだ。

これを見たときには思わず、ぞっとした。そのうえこの坊やが「おかあさんの横のあたりに乞食のばあやが座っている」と言うのだ。

この夫人は霊魂など信じない人だった。この当時もそうであったので、息子の言うことはでたらめだと考えていた。だが字を書いたことはどのように解釈してよいやら分からなかった。

それが心霊の話を聞いて事情が理解できるようになった。あれは一つの心霊現象であり、坊やが見た乞食のばあやは死神なのだろう。このことのあった翌日に息子の病は急変して、すぐ病院に入院させたが、亡くなってしまったという。

　この話を聞いて思い出すのは長谷川時雨女史の談話である。かつて女史の妹さんが千葉の病院に入院している時、病気が重くなり、急報で駆けつけた。

　そのとき妹さんのベッドの後ろに貧乏人のような、おばあさんが立っている。これが世間でいう死神であるかもしれないと直感したので、にらみ付けてすぐ退散しろと心の中で叫んでいると、消えてしまった。

　帰りに電車を待っていると、そこの停留所の電柱の後ろにまたもやその死神がいるではないか。じっとこちらを見ている。ついて来たのだと思い前のようににらみ返すと、すぐに消えて再び姿を現すことはなかった。

　後から聞いた話であるが、妹さんの病気は回復したが、その隣の病室の人が翌日急死したということだ。それはあの死神を退散させた翌日のことだった。

　話の内容から考えると死神であることは間違いない。

13　病気など

痔の神と咳の神との話

豊田郡池田村の宇佐衛門の話によると、痔の病で苦しむ人はいつも「秋山白雲居士」という法名を唱えて、毎朝それを十回ずつ繰り返すと効果があるという。

江戸浅草の辺りに痔の神といって、昔、痔の病に苦しみながら亡くなった人が臨終のときに「わしはこのような難病に苦しんで死ぬが、死後わしの墓にきて祈願する者があれば痔の病を治してやろう」と遺言して亡くなった。

ここを痔の神といって祈願する人が多いが先ほどの宇佐衛門の言った法名がこの人かもしれない。

また周智郡蓮花寺村に咳の婆という墓がある。これも同じく伝聞によると咳に苦しむ者が祈願すると、効果があるという。皆墓参するが同じ例であって、このような話はあちこちにある。か弱い者の霊であっても末代まで功績を称えられ、人々に尊敬される。根津権現、宇和明神、惣五明神などと祭られる人の徳を思ってみよ。

人の功績には大・小があるが、皆それなりの結果を残しているものだ。ただ程度が違うというだけなので、この書に載せてある事実を参考に、現世にいる間は精励努力すべきである。

口の中の病を治す了巴の墓の話

笠原村の中山家の妻は長いあいだ口の中の病気のため、うまく食べられず苦労していた。あるとき隣の人が、口の中の病気は高橋村の「了巴《りょうは》」様に祈願すればよくなる、と教えてくれた。

それではと神なのか仏なのかよく聞かなかったが、手洗いをし口をゆすいでから、その了巴様に祈願した。するとどうにか病状が薄らいで、やがて治ってしまった。

喜び了巴様のところへお礼参りに行こうと場所を尋ね、地元の人に聞いてみると、高橋村福蔵院の境内にあるという。それでは仏さまだったのかとそこへ行ってみると、墓の中に無窓了巴大姉と法名を彫った石碑があった。

どのような由来なのか事情を聞いてみると昔この寺で賄いをしていた女性の墓であるという。生きていたころ、口の中の病で困っていると、まじなってやり、そうしたことで皆が治ったという。ところがその術を授かった人がなかったので、死んだ後はやむを得ず婆の墓に祈願するようになった。

その効果があるので、多くの人がここへ来て祈願するのだという。これは中山氏が語ったことである。

コブを治した薬師のご利益

周智郡久野郷の甚七は寛政六年のころから耳のあたりにコブができたが、年月がたつうちに捨てては置けなくなった。

寛政十年にはたいそう大きくなったので、森町村の猪原道悦という医師に治療を頼んだ。しかし治療が難しいと言われ、仕方なく瀬川というところの薬師如来に毎月参拝して祈願した。するとだんだん小さくなり寛政十二年までに、いつしか跡形もなく消えてしまった。

これは猪原氏の話したことで、その後になってその付近の人によく聞いてみると、確かにその当時は治ったように見えた。だが、またコブが膨らんできたので、あの薬師如来に毎月参った。しかしあれはただ一時の気休めで平癒したわけではなかったという。

こうしたことを考えれば、病気治しで一時的に治ったという話は、その時々の神の都合によるものと思われる。これと似た話は数多くあるが、繁雑になるので省くことにする。

姥の顔の大きなコブを治した僧の話

山名郡下地という村に老いて子もなく、一人で住んでいる老母がいた。この老母の顔に大きなコブがあって見苦しかったが、同じ郡の米丸村の医師溝口春水がその老母に出会ったところ、コブがない。奇妙に思ってどこの医師に取ってもらったのだと聞くと、老母は治療して取れたのではないという。

ある日乞食みたいな僧が来て「おまえの顔にはコブがあって辛かろう、まじなってやる」と言った。それはうれしいが、一銭の礼金も出せない貧乏暮らしだと言うと、謝礼が欲しくてやるのではない。おまえが辛かろうと思ってやるのだという。

錫杖を持ち直してわしの顔のコブをまじない、近いうちに治るからと言ったが、幾日もたたないうちに治ってしまった。

本当に不思議なことだ。その僧は弘法大師だったということだが、これは溝口医師の語ったことである。


《解説》　口の中の病ですぐ浮かぶのは口内炎である。口の中のどこにでもできて傷が付き、食べ物が触ると痛む。舌にもできる。飲み物も傷にしみてたまらない。いやな気分にとらわれ落ち着くことができない。長びくと食事を摂るのが苦痛になる。現在は塗り薬があり、そもそも口内炎は疲労が原因なのでビタミンBを併せて飲めば、二、三日たつうちには相当頑固な口内炎でも治る。舌の場合も唇の場合も同じ治療でほぼ解決する。

しかしこの話の起きた文化年間のころは薬がなく専門医もいないので、一度口内炎にかかると長びき悩んだものと思う。漢方薬ぐらいでは対症療法にもならない。その厄介な口の中の病気、これは口内炎ばかりではなく他の症状のものもあっただろうが、それを、まじないをするだけで治す女性がいた。

菊川市高橋に今もある福蔵院は節分祭で知られる寺である。その女性は寺の賄いをしていたが、病む人が来るとまじなってやり皆を治したのだという。ところがこの術を伝えることなく死亡したので一代限りで途絶えてしまったという。困った人は、その了巴様と呼んだ女性に向かって祈願すれば治るのだという。この話では、それほど遠くない所に住んでいた中山家の奥さんが長びく口の中の病気のため食事も満足に摂れなかった。それを隣の人に了巴様のことを教わり、それではと口をゆすぎ身を清めて四次元の世界にいる彼女に波長を合わせて祈願した。すると症状がとれたという。中山家の奥さんは了巴様にお礼を申し上げるのだといって福蔵院を訪れ、境内にある墓に参ったという。この書を著した中村乗高さんはその話を中山氏から聞いたという。

これと似た話が別に存在する。痔の病で苦しむ人は、生前この病で苦しみ今は四次元の世界で多くの同病の人を救っている人の戒名を唱えればよいという。毎朝十回繰り返すのだ。真剣に波長を合わす必要があるからだ。咳で苦しむ人は、そのお婆さんの墓に参って祈願すればよいという話もある。どれも同じものだが、これらの話が私たちの心に迫るのは中村乗高さんの感想にある。

人の功績には大きいもの小さいものなどさまざまあるが、どれも皆社会に貢献している。

程度の差があるというだけで人々のためになっている。どうかこれらの話を参考にして世の中に役立つことをしてくれ、というものだ。

江戸時代の寛政・文化時代には人々は皮膚病で悩んだという。また目の悪い人が多く、薬と治療が行き届かないため盲目になる率が高かった。命にかかわることもないため結核やインフルエンザ、疱瘡、麻疹、コレラなどほど気を配らないので、皮膚病、目の病が多かったことも納得できる。

このコブの話もそうしたもので打つ手はないと、うっちゃらかしにしているうちに、周囲の人に騒がれて対策を考えるわけである。話の僧が老婆の顔のコブを見かねて、まじなって直した。喜んだ老婆は弘法大師さまだと言ったという。これは近くにいた医師の話したことなので、実際あったことと思われる。弘法さまでなくても僧など一つの道を極めようと修行している者は、本人は気付かなくても特異な能力を発揮するものだ。熱意と素直さと欲のない純心な気持ちが、一つの修行を積む間に別の能力を生み出すのだ。その能力が慈悲と喜びを与えるものとして病気を治し、いわゆる霊癒と呼ぶものになる場合がある。

この話の旅の乞食みたいな僧にも、このような能力があって老婆のコブを治したものだろう。錫杖を用いたというがこれは方便であり、真相は身体からにじみ出る未知のマンパワーを利用してコブをとったのである。

あと一つのコブの話は医師にサジを投げられ、仕方なく薬師如来に参拝して治してくれと祈願した。すると一時的な効果があったという。しかし長続きせず、結局は元の木阿弥になってしまった。自己暗示が効いたのか、そのときは治ったように思えたものが、本人の祈願に真剣さが足りなかったということか。中村乗高さんは神の都合と表現しているが、これは本人の心持ちに帰するものだ。すべて病気治しのことも、人間を基本として考えねばならぬことのようだ。

ここで医師が、コブの治療は難しいと言ったというが、この時代の医師と現代とでは雲泥の差があることを認識すべきだ。狭き門といわれる医大で近代の西洋医学を学び、国家試験に合格したあと長い間研修して一人前の医師となる現代。それとは違って江戸時代の医師は「でも医師」であって、士農工商に分かれた身分と職業の枠に収まらない人が就いたものである。もちろんのこと髪形や着物でそれらしい格好はしているものの、中身は現代とは比べものにならない。ただ、客への機嫌とりはうまかったようだ。なかには漢方医として評判の高かった人もいた。当時としてもそれなりの学問はあったのだから、よく勉強して熱意を持ち医学の道を志した人たちもいた。このような人たちには先ほども述べたように霊癒というか、特別な能力が身に付いた。医療プラスアルファとして患者と接することによっても、病が治ることがあったのである。

江戸時代の病気では子供は肺炎や天然痘、それに疫痢などにかかり短い生涯を閉じることが多かった。若者は結核や出産で命を落とす割合が高かった。この時代のさまざまな疾病と医療の実態を考えると、よく人々は命をつないできたものと思う。しかし人間には自然治癒力があり、その時代にあっても生涯健康で過ごした人がいたものと思う。現代の栄養学には背をそむけていた。だが自然食品を摂っていた関係もあり、また水は澄み空気がきれいだったので、人は大自然のなかで伸び伸びと生きられ、幸せだった面もあるだろう。

14 石臼

長左衛門家の不思議な石臼の話

安永年間のことである。榛原郡住吉村の長左衛門の家では、家族全員が畑仕事に出た。雨戸も閉めて行った。隣の伝左衛門の家でも畑に出掛けたが、こちらは老婆を留守番にしていた。

すると家族のいないはずのその長左衛門の家から石臼の目切り音が聞こえてくる。隣の老婆は何事が起きたのかと思った。というのも伝左衛門の家でも石臼の目が浅くなってきたので、切り込みを深くしようとして家族の帰ってくるのを待っていたからだ。

昼の十二時過ぎに両方の家の人々は帰ってきた。留守番をしていた老婆は長左衛門宅に誰もいないのに、石臼の目を切る音がしていたと話した。だがわしらの家では皆畑に出ていたから、そんなことがあるはずがないと長左衛門は言った。

さて後になって長左衛門の妻が麦を炒って粉にしようとその石臼で挽くと、いつもより細かく挽ける。実に不思議な感じがした。よくみるといつの間にか、石臼の目が深く刻み直されている。なんとまあ、たまげたことだとよく見ると、刻み目が梵字のような形をしている。それは文字とも決めることが出来ないので、村の物知りの六之助に見せたところ、文字のような形だが文字ともいえないと言った。

それからはコメ、麦、ソバ、大豆などを挽いたが、石の刻みが減ることはなく、三十年たっても目を刻み直すことがなかったという。

そういえば百年前にも佐野郡岡津村の松永平太夫の家で、同じように目が刻まれることがあった。その石臼は今でも使っているがやはり目を刻み直すことがなかった。こちらは松永家の高祖母の若かったころの出来事で、その話が伝わっているという。

《解説》

石臼はひと昔前までは農家でソバや大豆、麦などを粉に挽くのに使われていた。

直径三十五センチぐらい、二段重ねの石の間から挽かれた粉がこぼれてくる。下にムシロを敷いて座り、上の石に付いている柄を握り一方向へ回して挽くのだ。上の石は臼のように三センチぐらいくり抜き一センチぐらいの厚みの縁を付け、挽く穀物が外へこぼれないようにしてある。底には穴を開け、そこから二段重ねの石の間に穀物を落とす工夫をしてある。上の石の厚みは十センチぐらい、下の石は二十センチ程度で、石と石が当たる面にはそれぞれ斜めに幾筋もの刻み目を付けてある。上の石を回すことによって、この刻み目に入った穀物を粉にしていく。

どの農家でも備えてあるわけではなく、一軒持っていればその家へ出かけていき、借りて挽く。挽けた穀物は粉と殻とに分けるためにフルイに掛ける。

この話の舞台となったのは榛原郡住吉村とあるので、現在の吉田町住吉である。吉田町は大井川が駿河湾に注ぎ込む河口に位置して吉田漁港もあり、住吉地区には住吉神社などがある。話のポイントは隣り合っている二軒の農家が、一軒だけ老婆を残して全員が畑仕事に出て家を留守にしたことだ。その間に石臼の目が刻まれた。誰もいないのに石臼の目を刻む音だけが聞こえてくる。それを隣の老婆が耳にしている。石を刻むには鉄の利器を使わなければならず、その擦る音も高く響くので、静かな農村では隣の家まで伝わるものだ。隣の家では留守で誰もいなかったのだから、刻む者などいないと話す。

ポイントの二つ目はその石臼で挽いたら、ソバ、麦、大豆などが今までにないよう、見違えるようによく挽けたという。深くて鋭い刻み目が石臼に残っていたというのだ。

誰の仕業か分からない。しかもその臼はそれから三十年たっても刻み直すことなく使えたという。いわば人間業ではなし得ないことが、石臼に起きたのだ。このようなことは百年前にも現在の掛川市岡津で起こったと高祖母は他の出来ごとまで述べている。

超自然的なことが起きたわけであるが、これは四次元の世界から来た人間を助けようとする霊的存在者、例えば天狗といわれ昔の民話によく出てくる自然霊のやったことだと推測できる。彼らは波長を変えて人間界へ来る。用が終われば自分の世界に戻る。その場にいながら波長を変えることで、次元の異なる二つの界を往復するのだ。この著者中村乗高の師匠の平田篤胤による「仙境異聞」に登場する仙童寅吉の物語を読めば理解できる。

人間界に隣り合っている次元の天狗、仙人界は生活や風習が人間界に近い。穀物を食料にしているようで煮炊きする場合に鍋や釜が必要になり、手許にない場合は村にやってきて農家の物を無断で借りていく。だが人間界の現物はそのままなので、村人たちは持っていかれたことに気付かない。天狗界の者は神通力があるので、農家の人が使用しない時を見計らって鍋釜の元である要素を持っていく。形だけは残すので農家の人は気付かないのだ。

しかし自ら煮炊きすることはそれほど多くはない。彼ら天狗たちは神社やお堂などに供えられる食料の供物を食べるので、普段は調理する必要はない。だが神社でもお堂でも祠などでも、供えたものはそのままな形をして残っているではないか、と疑問に思われよう。だが先ほどの鍋釜のときも器具の要素を引き出していくので、現物は同じ状態になっていると書いた。これとまったく同じで供物の食べ物にしても要素だけを引き抜いて食べるのだ。

この石臼の話は誰もいない農家に置いてある石臼を先日借りた山人（天狗）が、目が詰まって使いにくかったので刻み直したのであろう。長左衛門一家の人たちは心掛けがよく、天狗たちと波長が合って応援してやろうという気持ちを彼らに抱かせたのだろう。その後、三十年近くも使い続けて目を刻み直すことがなかったというが、こんな業は人間のやれることではない。これこそ天狗界の一歩進んだ利器を使い、優れた技術を誇る彼らの手腕によったものでなければ説明つかないことだ。

石臼の目が実際に刻まれたことから中村乗高さんの記録に基づいたこの話は、ただ不思議だ、民話だ、おとぎ話だと受け取ることは、それこそナンセンスである。その裏面を観察すれば超自然現象でなく、起きるべくして起きた平凡な事実であることが分かる。

15 狐

死んだ狐を祭った稲荷のこと

豊田郡笹原島村の佐右衛門は明和年間のこと、屋敷である夜狐が死んだのでその場所に埋めた。原因は分からない。

埋めながら「わしはお前を大切に思って死骸を埋め、これからは稲荷として祭るので、屋敷の守り神となってくれ」と言って土を掛けてやった。

そして祭りもしたのだが、幾年たっても何のご利益もなかったという。

屋敷に祭られた狐の兄弟のお礼の話

山名郡飯田村に安間平右衛門という者がいた。元文・宝暦のころであっただろうか。ある時狐が来て庭に入った。ひどく弱っているようなので、平右衛門は同情して薬などを与えた。しかし回復せず三日ほど苦しみ死んでしまった。

平右衛門は古着で狐の死体を包んで屋敷の中に埋め、修験者を呼んで稲荷明神として祭ってやった。

三十六年たったとき、その祠が破損したので隣の鍛冶屋久次郎を頼み、二人で修繕した。そのころ久次郎の家では娘に婿をとったが折り合いが悪く、娘夫婦は婿の故郷である一色村へ引っ越し、親とは別に暮らしていた。

その娘に狐が憑いたので家族は驚き、いろいろ責めると、娘は「そんなに驚かなくてもよい。われがここに来たのは、別に害をするわけではない。実はわれは関東の狐なのだが、平右衛門様、久次郎様が兄の祠を作って下さったのを喜び、感謝するために来たのだ」と言う。そのことを平右衛門へ告げると、平右衛門も奇妙なことだと思い、久次郎を娘の許にやって詳しく訊ねさせた。

娘に憑いた狐は「われは三十六年前、平右衛門様の家で死んだ狐の弟だが、兄が死ぬと平右衛門様は哀れんで丁寧に葬って下さった。そればかりか、そこに祠を建て稲荷明神として祭り、屋敷の守り神としてくれた。今その祠が雨風に傷んだので修繕してくれた。それを感謝するためにここに来たのだ。

　また久次郎殿の家にとってためになることを教えよう。娘と婿が揃って家出したとしても家に戻らせまいとするのは、あまりに意地張ったやり方だ。貴殿のためにもよくない。怒ることをやめ、直ちに帰ってくるよう図られよ。そうすれば行く末は安泰だ。われの言うとおりになされよ。

　また平右衛門殿にはあと一つの願いがある。わが兄の亡きあと稲荷明神として祭ってくれたが、何の稲荷とも名付けていない。ただ稲荷として祭るのではもの足りない。兄を福徳稲荷として、われを安間平右衛門という頭文字二つを取って安平稲荷と称し、屋敷の守護神として祭ってくれ。われはこれからは、盗みや火付けの災難をなくし家を繁盛させよう」と言った。

　久次郎はそのことを承知して帰ったので、狐は去った。

　さてこちらの平右衛門はその日の夜に近所で霊祭が開かれるというので、出掛けた。すると日暮れ時に急用ができたと使用人が迎えに来たが、帰らなかった。すると三度ほど迎えに来た。

　平右衛門も何か用があるだろうと帰って訊くと家族も知らず、使用人も迎えに行った覚えはないと言う。

さては狐が久次郎の帰ってきたことを告げに来たのだと、久次郎の家に行ってみた。するとまだ着物も替えないまま娘のしゃべったことを話した。

平右衛門は「わしは昔狐が死んだので、稲荷明神として祭った。このほど祠が傷んだので久次郎と修繕したが、その礼に来たのだろう。それなら言われるままに名前を付けてやろうじゃないか」と、福徳稲荷・安平稲荷として並べて祭った。

いっぽう久次郎は言われたとおり、娘と婿を迎えて家を継がすことにした。こうして二人はそれぞれ狐の忠告に従ったので福が授かったという。平右衛門は養子を医師にして、老齢になると長男に職を譲り隠居した。

ある日真夜中のころ、外から呼ぶ声がする。平右衛門は目が覚め、誰かと尋ねたが返事がない。夢だったのかと再び眠ろうとすると、またも呼ぶ声がする。それで起きて周りを見ると、風呂場に火の明かりが見える。これは燃え残りがあって火が起きたのだと気付き、家族を起こし消火に当たった。こうして火事になるのを防いだ。

平右衛門を呼んだのは稲荷だったと、その家の主人は語っていたということだ。

社の狐の死骸を始末し権十が死ぬ

豊田郡池田村の氏神の八幡社で狐が死んだ。権十という人が見付け、捨てて置けないので死骸を片付けてやった。ところがその狐の霊が権十に憑いて、常識はずれのことばかり言う。仕方なく修験者を頼んで除霊してもらったが、効果がなかった。揚げ句の果てに権十は狐のために、死んだということだ。

何事も思い通りにはいかないものである。

狐に憑かれた下女と小次郎家の稲荷

長上郡美園村の小次郎家の下女に、文化二年十月二十八日狐が憑いた。「ここに来たのは害をするためではない。私は稲荷だが、これまで定まった社がないので、やむを得ず取り憑いたままでだ。社を造って祭ってくれ、永く守護神として家内繁盛を図るのでな」と言って退く様子も見えない。

仕方がないので十一月の初めに急いで小さな祠を造り、屋敷に稲荷明神として祭った。するとすぐに退去したので、野狐の仕業とも思えなかった。それからは稲荷は福を授けるものと伝え聞いているので、その付近ではお参りする者が多くなった。

そのようなとき、ある者が小次郎家の門の前に土場を造ろうとした。だが禁制であるのでやめさせた。しかし土場を造ろうとした者の仕業か、その日の夜稲荷の祠を気付かない間に他の場所に持っていかれてしまった。小次郎はこの経緯を知らなかった。

祠がなくなったと方々探したが見えない。仕方がないので新しい祠をつくり祭った。だがそれからはお参りする人がいなくなった。

しかし稲荷が憑いて、これから繁盛させてやると言ったことからか、その下女は小次郎の妻になったということだ。その付近の人々の話である。

《解説》

寿司のなかで油揚げのものをイナリと呼んでいる。これは狐が好むので、その名となったようである。民話でよくイナリ寿司を持って夜道を歩くと狐が化かし、通行の邪魔をしてその寿司を取ろうとする。このイナリは稲荷と書きあらわし、稲荷神社のことを意味する。なぜ狐のことをお稲荷さんと呼称するのか、それは五穀のうちの稲を司る神の使いというか、稲田によく狐が姿を見せることがあったということで、そのイメージが狐を稲に結び付けているのであろう。したがって古くからの風習として大切な稲を守護する動物として狐をとらえ、ここから五穀を司る神としての稲荷と同等なものとして狐を祭る風習になったものであろう。当時の人々は狐をそのように解釈して狐霊を祭ることは、稲荷の神を崇めるのと同じだと理解していたと思われる。

二つ目の話はそうした常識をもって生活していた当時の人を描いたものである。話の舞台となった場所は、現在の森町飯田である。庭に迷い込んだ狐が病死したので丁寧に葬ってやり、祠をつくって稲荷明神として祭ったという。これでは狐が喜ぶのも当然のことだ。しかも三十六年たって古くなった祠を修繕したという。

葬られた狐の弟と自称する狐が現れ、死んだ兄を丁寧に葬り稲荷明神として祭ったことに対して礼を述べた。だがさらに名前をつけて稲荷としての特長をもたせ、祭神として箔をつけるよう要求する。この願いを伝え自己を語り、家庭内のもめ事まで解決してありがたがられようとしたのだ。この弟狐は祠の修繕を手伝った隣の人の娘に憑いて、人の言葉をしゃべって意思を伝えている。

これは狐の仕業だと思われるかもしれないが、狐の霊が行ったことである。狐霊はこうしたことは人間より上手だので、それとは知らぬ当時の人たちはすっかり狐に化かされた状態になって、稲荷明神の言葉であると解釈してしまう。しかし体裁とはったり、それに感情をむき出しにする動物霊なので、物事の奥深い洞察はしょせん無理なことである。火事が起きそう、あるいは盗人が侵入したら警告するなど、自身の狭い能力の範囲内での出来事を知らせることしか出来ない。

ここで稲荷神のことを調べてみよう。稲荷は宇賀神といって穀物を司り、伊勢神宮の外宮として祭られている。現在は生産を援護する神として、企業の敷地の中で社を見掛ける。狐霊は神社を守護する金狐の眷族であり、稲荷そのものではない。金狐は狐の祖であり、自身は肉体をもって地上に出たことのない生き通しの自然霊である。

この話に載っている屋敷神としての稲荷はこの狐霊を祭ったもので、稲荷明神と呼ばれることすらおこがましい。ましてや普通の狐がこのように祭られるのは見当違いもはなはだしい。この話によると修験者を呼んで稲荷明神として祭ったとある。その狐は病んでいるところを介護されて葬られ、そのあと修験者によって祭られたので、すっかりのその気になって感謝の気持ちを表す意味で二軒の家に福を授けたのだ。

これと同じような話を中村乗高さんは他に三話載せているが、狐の死骸を庭に埋めただけで終わったものや、逆に目論んだこととは逆の結果になった話、つまらないことで狐に憑依された話などにとどまっている。しょせん狐と狐霊との違いを知らなかった結果であり、専門知識のない当時の農家の人にとってはやむを得ないことである。狐は霊能の強い動物でありエクトプラズムを供給することにも優れている。次に示した那須の話は実際のことである。昔から民話や伝説に数多く化かされ話が登場する。だが一般の人は狐と狐霊を混同しており心霊知識がないので、あり得ない荒唐無稽な話だとして信じようとはしない。実際は逆だ。

——参考資料——

●那須の狐（高島瑞穂「心霊と人生」29巻3号より）

獅子文六の「へなへな随筆」を読むと、次のような一節がある。

那須の人は、一度ぐらい狐に化かされた経験を持たぬことはないらしい。そして、狐のことに極めて詳しい知識を持っている。

狐が人間を化かす前には、人間の跡をつけるのであって、その足音は、チャッ、チャッ、チャッと聞こえる。いわゆるフォックス・トロットである。その時に用心、タバコを吸い始めるとか、持っている魚を一匹だけ投げて、今夜はこれで我慢してくれやと話しかけるとか、予防手段を講じれば、大過なく済むらしい。もっとも那須の狐は比較的快活なところがあり、陰険残酷なのはむしろ狸の方だという。

那須の狐は必ずしも夜間に人を化かすとは限らない。町の兄チャンが写真機を買い、山の景色を撮ろうと思って出掛けたら、美人が出てきた。彼女と懇意になって、二人で並び記念撮影をしようと、セルフ・タイマーをかけた。たぶん、別荘のお嬢さんだろうと、青年は喜んで、家に帰り、現象をしてみたら、狐が並んで写っていた。

写真機を嘲弄するのみならず、文明の利器である自動車に対しても、彼達は恐怖など感じないらしい。乗用車もトラックも、狐に化かされて、夢幻の環状線を夜もすがら運転するのは、珍しくもない光景である。

狐というものは、人間の芸妓のように、旧いことにとらわれない。絶えず新しい知識を吸収して、人を化かす技術を進歩させている。例えば、那須にゴルフ場ができてから、女性ゴルファーが東京から遊びにくる。彼女たちはスマートな洋装を誇って、土地の若い男女の注目を集めているが、狐も樹の間から同じように強い観察と研究の目を注いでいるようだ。ゴルフ場付近の狐は必ず洋装の美人の姿となって現れるそうである。

ある青年は、その洋装美人と相当なところまで恋愛を進行させたらしい。あまり美しい女だったので、化かされたと分かった今日でも、もう一度彼女に会いたいと願っている。

●狐を往診した医者（鈴木清「心霊と人生」17巻4号より）

私が那須の伯父の家へ避暑に行ったときの話である。

伯父は医者であった。八月の昼すぎからザアッとひと雨きた涼しい晩だった。夜がふけて皆寝てしまったころ「今晩は、今晩は」と誰かが玄関で呼んでいる。玄関の横の部屋に寝ていた私は呼び覚まされて表戸を開けた。

見れば自転車を手にした一人の若い男が立っている。

「へえ、実は…その急病人が出たので、先生さまに是非おいでをお願いしたいので…何分ひとつ…」と言って、ひょこんとお辞儀をした。私はさっそく伯父を起こして取り次ぐと、眠そうに眼をしばたたきながら

「うむ、すぐ行くといって待たしておけ…商売とは言いながら、やりきれない…」とつぶやきながら衣服を着替え、往診用の自転車を引き出し、待たしてある男と一緒に出ていった。

二時間ほどして伯父は帰ってきた。起きていた伯母が「どうでした」と聞くと「なあにお産さ…だが死産だった」と言っただけで伯父はそのまま寝室に入ってしまった。

翌日の朝伯母は「あなた、昨夜死産があったってどこですの?」と尋ねた。伯父は気のない返事をして

「さあ…」

「あら、はっきりしないわねえ、いくら寝ぼけていても、ご自分の往診なすった家が…それに帰って来た道も判らないなんて」

「それがよく判らないんだ。帰りには途中まで送って貰ったんだが…ええと…家を出て…」

伯父はしきりに思い出している様子だったが

「そうだ、家の角を右に曲がって橋を渡って…お社があった」

「お社が?」

「うむ、誰かがお参りしていたな」

「へえ、そんな所にお社があるなんておかしいですね。第一そんな夜中にお参りなんて変ですわ」

「うむ、確かに変だ」

「変だなんかじゃありませんよ…おカネは? 頂いていらっしゃったでしょうね」

「うむ、待てよ」

伯父は診察室に放り出してある鞄を持ってこさした。開くと中からコロコロと石ころが四

つ転げ出した。

「おやッ」

「あれ…オホ、ホ…狐に化かされたんじゃなくて。だってこりゃ妙なことですわ」

「ふーむ、そうかもしれない」

伯父は大真面目である。私はよくおカネが木の葉に変わったという話を聞いて「へえ、そんなこともあるのか」とばかにしたもんだが五十銭銀貨が小石に変わった、というのを目の当たりにすると、なんだか恐ろしい気がした。

朝食の後で、伯父と私は雨のあがった道を伯父が昨夜通った自転車のタイヤの跡をつけて出掛けた。その跡は伯父の言うとおり家の角を曲がって橋を渡っている。だがそこからは野原の方へ続いていて、伯父の話した社も酒屋も見当たらない。タイヤの跡は野を越えると今度は二尺ぐらいな崖の上の小道を通っている。

「昨夜は、こんなことはなかったのだが…」

跡はなお岡へ続き、その岡の途中でぴたりと止まっている。伯父は首をひねってあたりを見回した。そしてつかつかと横の草むらの中へ入って行った。五間ほど入った場所に一匹の子狐が死んでいた。

その側には伯父が落としていったハンカチが…。私はその時、昨夜自転車で迎えに来た男を思い出して、ぶるっと震えてしまった。死んだ子の親狐がわが子かわいさから、生かしたい一心で人間の医者を迎えに来たのに違いない。どこかで「コーン…」と親狐が鳴いているような気がした。伯父はその後、夜の往診は断っている。

16 像と塚

金西寺の阿弥陀像は田中の沼から出る

佐野郡原川村の金西寺の本尊は、その昔、原川村の南の平野村と篠場村の境にある田中の沼より掘り出された。そのとき槍で突かれたので疵が付いているという。仏像は阿弥陀如来だが、最初は粗末な堂を建てて安置した。人々は金阿陀堂と呼んだ。しかし、かなみ堂と言い直し、また転じてかなめ堂となり、かさみ堂と称えるようになった。瘡《かさ》（腫れものなど皮膚病）を患う人が祈願するようになった。霊験があると見えて、いつの間にやら瘡薬師と呼ばれるので、人々は阿弥陀さまであることを知らず、ただ薬師如来として祈願するようになった。

それでも霊験は変わらないとみえ、今は遠い地域を往来する旅行者まで大勢、祈願にやってくるようになった。

このように次第に繁盛するので、最近では大きな堂を建てていつも参詣人が絶えないということだ。

塚の梅での梅干に祟られ病に

一宮庄の田の中に青木塚がある。その塚に生えている草を刈ったり木を伐ったりすると熱の出る大病になると言われ、近づく人もなかった。

その塚に梅の木があって毎年多くの実がなる。近くの老僧がその梅を採って梅干にすると言い出した。しかし付近の人たちは祟りがあるからやめなさいと反対した。

しかし老僧は僧が採って食べることに、祟りなどあるものかと、梅の実を採らせ梅干にした。

すると間もなく悪性の熱病にかかってしまった。日が経つにつれ病気が重くなり、我慢できなくなったのだろう、ついに恐れてその梅干を塚の木のまわりに捨てた。それからは病気がうそのように治ったという。

《解説》

掛川市郊外、かつての原川宿にある金西寺は原川薬師の名で知られる曹洞寺院である。本尊はもともと阿弥陀如来で、田の中にあった沼から掘り出されたものだ。このような霊験を語る観音とか如来像はたいてい海とか川とか、この話のように沼などから偶然拾われた、掘り出されたというものが多い。浅草の観音像は一寸八分の大きさで純金製、東京湾で漁師の網に掛かった。

金西寺は最初は簡単な堂を建てて安置していた。ところが客が集まるので金阿弥陀と言っていたのをかなみ堂と略して呼び、それが転じて「かさみ」となった。すると「かさ」が瘡すなわち腫れものなど皮膚病に通じることから、昔は多かった皮膚病を治そうとする人たちがお参りするようになった。阿弥陀さんがいつの間にか瘡薬師になってしまった。薬師如来に生まれ変わったわけで、奇妙な感じがするが、お参りすれば皮膚病に効果があるとして人々はお参り集まってくる。

心理学でいう集団的無意識、すなわち人類すべてに共通する無意識のことであるが、この心理状態になることが昔話や民話にみられる。この集団的無意識を相手の集団的無意識に通じ合わせれば、催眠的影響を相手に与えることが出来る。金西寺の如来像にお参りすれば腫れものに効くと言えば、それを信じる人に催眠的影響をもたらし、本当に治ってしまう。こうしたことが広く伝わるようになると催眠効果も手伝って多くの人々が集まる。この時代は医療や薬の程度が低く、人々は精神的な療法すなわち神参りや祈祷に頼らざるを得なかった。そのなかで効き目があれば観音薬師、如来であろうが神社であろうが地蔵であろうが頼ったものである。遠くからも集まる。

大勢人が集まればさい銭が寄進されカネが貯ってくる。祠が堂になりやがて大きなものに建て替えられる。すると人から人への催眠効果は加速され、それが集団意識となって思わぬ結果を生み、予期せぬ方向へ拡大する。金西寺は繁栄をして近隣どころか遠方にまでその名が知られるようになった。芥川龍之介の小説に「龍」という短編があるが、この集団意識の不思議な働きをテーマにして成功している。

さて、塚とはなにか。墓と思えばよいだろう。小高く土を盛った野の中の墓である。塚の主を何かそこの場所に葬らねばならない事情があり、一般の寺の墓地とは異なるわけである。その主にきちんとした弔いができないのでやむを得ずそこに葬り、臨時のつもりで築く墓だといっていい。古い時代に戦場であったとか江戸時代に旅人が行き倒れになった所など、そこに葬られた者はいわゆる畳の上では死ねなかった、非業の死を遂げた者が大部分である。

したがって満ち足りた気持ちで幽界に行ったわけではなく、不満をもったままでの幽界生活ということになる。行くところへ行けず地上に執着をもつことになる。このような人たちが葬られている塚は扱いにも注意しなければならない。たかが小高い土盛りの場所があるなどと思い、心ない行為をすれば、塚の主は侮辱されたと感じるだろう。

地上からみれば侮った仕打ちをしたわけではない、といった行為であっても、塚の主は執着をもつ感情的な気持ちのもち主なので、その行為に対して斟酌しないで報復を企てる。しかし塚に同じ行いをしても祟りがあるときもあり、ないときもある。塚の主の気持ちのあり方によって相手に対する報復に違いが出てくるのだ。

どうしてこのように結果に差が出るのか、原因は地上の問題としてとらえても正確な答えは出てこないのではないか。地上の人間同士の関係みたいにことを済ますことはできない。塚の主は幽界にいる。感情をもち地上の常識では計れない。そこを考慮に入れるべきだ。

ところで幽界と地上との連絡はどのように行われるのか。これは心霊研究の上に立たなければ解決できない。心霊研究から考えられることは、波長によるものだということだ。波長が合わなければ地上と幽界とは交通や連絡ができず、処置なしということになる。

塚を故意に荒らすわけではなく、侮辱する気持ちもなく偶然の行為による塚への接触。こうした場合なら塚の主と気持ちの上でも折り合える面があるのではないか。しかし俗に言う「触わらぬ神に祟りなし」の格言どおり、塚の扱いには注意するにこしたことはない。一般には塚など眼中にないという態度をとる者が多いからだ。

ここに載っている話は、まさにこれらの問題を考えるのに適している。

——参考資料——

●木彫像から血潮、奇跡の聖母像

（パリにて高田通信員発・読売新聞「心霊と人生」昭和29年1月号より）

聖母マリアがまぼろしのように出現したり、その像が不思議な現象を示すことは、ただの伝説ではなく西欧では時々起こっていることである。世界的に有名なフランスのルードのように聖母が現れた泉がその後奇跡の霊泉となり、この霊泉詣でに毎年数万の病人が世界中からワンサと集まって、中には重病がケロリと全快して帰る者もあった。早速フランス医学院が厳重な検査を行った結果、病気が全快した事実だけを〝説明なしに〟年々報告している。

このほか二、三年、聖母出現が西欧各地で起こっている。とくに大騒ぎになったのはイタリアのシシリー島シラクーザの町のある貧しい女の家に祭ってあった、ありふれた石膏製聖母像の目から突然、涙が流れ出したことである。この女はテンカン持ちで妊娠しており、ある日テンカンの発作が起こって苦しんでいたら、寝台の頭の方に飾ってあった安物の聖母像の目から突然涙が流れ出した。このことがたちまち町中のみか、イタリア中、ヨーロッパ中の評判となり、警察や医学院が聖像の中身まで調べたが水の出るような要素はなに一つない。流れ出す涙を分析してみたら人間の涙と同じ性質であった。それ以来シラクーザのこの女の家は新しい奇跡地になり、参拝人が山のように集まり、ルールドと同じように病人が治り出した。

元来ローマ法王庁はこの種の奇跡を認めない方針だが、この事実を否定しようもなく、現在シラクーザ司教の監視下に置いて参拝人の集合を許している。聖像の持ち主の女にはお告げがあって、はらんでいる子供はクリスマスの日に生まれるといわれたが、事実そのとおり昨年その日に安産した。

ところで数日前フランスのアルプス山地の中世紀の町アントルヴォでも聖母奇跡が起こって大きな話題となっている。

町の宿屋オテル・ド・フランスの主人が古道具屋で木彫の聖母像を買い部屋に飾っておいた。主人がその左手の薬指をうっかりして折ってしまったところが、ある日その像の前で仲間とトランプをやりながら一ぱい飲んでいると、折れた指の先から血がポタポタ落ちだした。流れる赤いものを医者が分析したら、人間の血と同質である。これも一週間流れつづけたが、ともかくただ物ではないというので公証人が立ち会って、人が手を触れないように大きいガラス箱の中に納めて封印をしたら血の流れは止まった。

●二十五年後に戻ったお稲荷さん（「心霊と人生」25巻12号より）

Hさんの兄さんの家にお稲荷さんが祭られていた。津波で家もろとも流された。家は再建した。場所は三浦半島走水。網元、魚問屋そのほかに千葉から潜水夫を呼んでアワビも採取して、古い家格を豊かに継いでいたが、家の流出後、左前になり、潜水夫の勧めで、兄も潜水夫になり、それが本業となって横浜に出て潜水業にいそしんでいた。

横浜の築港当時、防波堤の海底工事を請け負っていた時のことである。ある日、海底工事を終わり、その水上に目印したブイを浮かばせていた。朝、そのブイをたよりに、沈もうとしたのであるが、フト「ブイ」を見ると、何にもなかったはずのブイの上に一つのお稲荷さんが乗っているではないか。それを見て驚いた。海の上のことで、誰もいたずらするはずもない。

不思議に思い、そのお稲荷さんを家に持ち帰り、お祭りする気になった。

ちょうどその夜である。見も知らぬ、付き合いもせぬおばあさんの訪問を受けた。「お宅に、お稲荷さんを拾って来なかったか。私は行者であるが、そのお稲荷さんはあなたの家に祭られてあった。が、家の流れた時に、共に祠は流れた。家は建ったが祠は立たない。帰りたいと思うが、行く先がない。それでお祭りしてもらいたさに、ブイの上に立って注意を引くようにしたのだと、そのお稲荷さんからのお告げがあったので知らせに来た」といった意味の話。

兄は今の今まで、お稲荷のイも考えていなかったが、この話を聞いて思い出すことは、このおばあさんの話すとおり、祠は建てなかった、というより忘れていたのである。

悪かったと思って、おばあさんの指図で、小さなお祠を造りお祭りした。

その後は毎日のように拝むこともした。それから後に、何か家に変わったことはなかったかと、Hさんに質問すると、何でも兄の話では、走水の浜に大漁のあることを知って相当なお礼にありつき、金の縁のなかったのが、少しずつ豊かになったと言っていた。

この発見は流されてから二十五年目に上がったのである。

17 石

氏神の祠の大きくなった富士形の石

豊田郡小立野村の富石山林昌寺の門前にある氏神の祠の中に、富士山の形をした石があった。これは三代目の住職である月澗洲船和尚が、富士山浅間神社に参詣しようと出掛けたとき、道で拾った石である。

歩いていると三角形の石がワラジの中に入るので、取って捨てるとまた入る。このようなことが三度もくり返された。石の形がいずれも同じなので、富士山に近い場所では石にも角があるのだと思った。

だが三度目のときには気がつき他の石と見くらべてみると、そのような石は今まで見たこともなかったので、これは浅間神社の神の賜物だろうと持ち帰った。

氏神の祠の鍵穴より入れたが、後になって取り出してみると、いつしか大きくなっていた。住職は不思議に思えて神の石と敬い、信仰して士石山と言っていたのを富石山と改めたと寺の言い伝えにある。

大石大明神の御神石が大きくなる話

豊田郡三河島村に大石大明神として祭られている神石がある。これは昔、海岸から蓑にからまって付いてきた石だ。

神として祭っていると年々大きくなる。話の内容は先に掲げた富士石と同じである。なんでもそこの神社を改築するたびに大きくしなければ、石が納まらないという。現在は人の力でようやく持ち上げられるほどの大きさになっている。

さてこの大石神社は名主清兵衛の敷地内にあるというので、私（中村乗高）が文政七年十月二十日に清兵衛の家にいって尋ねてみた。話によると五代前の高祖父渡辺清兵衛が願いを叶えようと、毎年六月七日に海に行き、身を清めて祈願していた。

ある年雨が降るので蓑を着て行き、身を清めて家に戻った。すると着ていた蓑に軽石のような石が付いている。見ると普段目にするような石ではないので、その辺りに置いておいた。するとある夜、その石は神石だという夢を見た。だが自分は一向宗なので気にもしないで過ごしていた。

　しかし子供たちがその石をおもちゃにして遊ぶので、割れるのではないか、やめろとどなると、そのつど障害が起こる。そうしたことから、これは神石だと悟り、簡単な祠をつくって入れておくことにした。

　だが子供らが石を取り出しておもちゃにして遊んでも祟りはない。大きくなるばかりなので家族たちは不思議に思った。これは海より付き添ってきた石なので、龍神さんからの賜り物ではないか。水神として祭り村の氏神とするべきだ。そう考え社を建立して、その村の氏神として祭ったということだ。

　さて私（中村乗高）はその付近に住んでいた六十八歳になる老人に、その経緯を聞いてみた。するとその老人も幼小のころ、そこの子供たちと一緒におもちゃにして遊んだ。いま思い返してみると、五、六十年の間に三倍ぐらいに大きくなったと話した。この人ばかりでなく地元の老人や中年の人たちにも尋ねてみた。

　やはり先の老人の話す通りなので、その石は神石といわれてもいい石だったと思った。子供たちが取り出しておもちゃにして遊び、怪我をしたことはあったが祟りはなかった。

最近になり神社の屋根を瓦ぶきにした。何か祟りがありはしないかと恐れ、文政七年の春のころ再び茅ぶきにやり直したと、地元の人が詳しく話してくれた。

巾着の小石、大きくなり御神体に

筑後国（福岡県南部）御原郡大石村の大石大神宮という社も前回の話と同じである。昔伊勢国より巾着に入れて持ってきた石が御神体であるという。それが今では二間四方の屋敷をはみ出る大きさになっていると、その神社に行って見てきた人が話してくれた。これは延喜式の神名帳に御勢大霊石神社と載っているので、非常に古いことなのである。

また信濃国佐久郡にも毎年大きくなる巨石があるということだ。これはその国の人が語ったことだ。

孕石天神社の子産石のご利益

佐野郡孕石天神社には一つ岩の孕石があり、その上に社があった。岩はいわゆる子産石であり、小石がたくさんうまれ出た。

その小石を神にお願いして頂き、安産のお守りにした。また子供が授からない女性が祈願するにも、その石を神のお許しを得て持ち帰り、常に信仰の対象にするのだ。

このようにして子供が授かり安産した後は他の石を添えて納め、お返しとする。これも神社へのお礼の代わりとした。その村では昔からお産で死んだことがないと、村の老人が話していた。

屋敷跡の五輪石のご利益の話

豊田郡向笠《むかさ》村に向笠伯耆守《ほうきのかみ》の屋敷跡と言われている所があった。その場所は川に沿っていたが、寛政元年にその辺を開拓して川としその屋敷に沿った川の跡を田畑にした。

その工事中に地中よりいろいろな形をした石が十個ほど出たが、それらを新しく造成した土手の上に並べた。だがそれがいつの間にか除去され、二段重ねにした石だけが残った。

文化十一年の冬、同じ村の七右衛門という者が腰痛となり、起き上がれなくて引き籠っていた。すると誰かが、新しく出来た土手の五輪の片破石に花を供え、洗米などを手向けて祈願すれば、大抵の病気は良くなると言った。それで七右衛門は土手の上の五輪の片破石に花を供え、洗米などを手向けて祈願すると、腰の痛みがすぐ治った。

そのようなことがあったので、付近の者たちは疑問に思いながらも人々の話を聞き石に祈願したところ、効果があったというのだ。そうなると近所の者たちはもちろんのこと、少し離れている所から参拝する人たちも大勢になり、毎日さい銭が五、六貫も上がった。

それらの銭を盗っていく人もないので、さい銭を積み立てお堂を造り片破石を安置したところ、ますます人が集まるようになった。文化十二年の陽春のころには、遠くから尋ねて来る者も多くなった。その付近の人で飲食屋や酒場を開く者も現れた。賑わい始めると次々に七、八軒の商家が建ち並びもした。

このようにして夜になってもお参りに来る人が絶えないので、二間四方の休憩所をこしらえた。そのころ私（中村乗高）も見に寄ったが、石の形は筒形で胴の途中がくびれ頭が丸く尖っていた。高さは八寸、胴まわりが一尺余りあった。その辺りの人に尋ねたところ、昔ここらに石橋があったが、あの石はその橋杭の先端部分のものであろうと言う。本当に橋杭の頭といってもいい宝珠形の石であった。

これほどに繁盛したのだが、このようなものは長続きしない試しで、幾年も経たないのに評判倒れとなってしまった。ほんの一時の流行にとどまったのだ。

あの最盛の時期に祈願したときご利益があったのは、その時の神の気まぐれとも思えない。このようなものが時々世間を騒がすが、そうしたものがはやる時期には、社会にその欲望を希求する空気がみなぎっているのだ。

神の御心は論じるまでもないが、三年を越すほどはやるものはないといってもいい。しかしどうしたことか五年、十年ときには百年以上も流行の止まらないものがある。そのなかで長く続いているはやりものは、儒教や仏教であろう。

青梅橋の庚申石の祟りの話

武蔵国多摩郡の青梅橋に庚申石という石碑が、街道の際にあった。文化六年に弥五右衛門がそこに家を建てようと、土地の区画をした。するとその庚申石に掛かるので、土地の境界を定めにくかった。

思案に暮れていると半蔵が地形を見て、家を建てるにはこれでは駄目だと言った。弥五右衛門はわしもそう思ったが、あの庚申石に掛かってしまうので、仕方なくこのようにしたのだと説明した。

すると半蔵は庚申石に手を掛けて、この石を取り除けばいいんだと言って帰った。ところがその石の祟りだろうか、家に着くと高い熱が出て、幾日もたたないうちに死んでしまった。

その夜、半蔵の兄嫁がそこを通りかかり、石に向かって半蔵の祟りを恨むと、同じ病で死んでしまった。

このような出来事のため、弥五右衛門はそこに家を建てられなかったが、それからは奇妙なことにその石に参詣する人が多くなってきた。それを見て藤蔵が弥五右衛門が区画した場所に家を建て、酒や菓子などを販売し始めた。これが案外繁盛して、文化十年まで一家はそこで暮らしていた。

しかし五月ごろから家族の三人が病気になり、それが親戚にも及んだ。だが、その後はどのようになったのか、はっきり分からない。これはそこに住んでいた宮崎雄馬がその年の夏に周智郡上郷に来て話したのである。

《解説》

遠州地方には子授け石として名高い場所が二つある。れっきとした神社であり寺であるが、その石のために有名になったといってもいいだろう。一つは掛川市郊外の山峡にある孕石天神社である。この「事実証談」では孕石天神社の子産石のご利益として、中村乗高さんが紹介している。崖といってもいい大きな一つ岩の上に社が乗っている。今も当時のまま存在するが、神社は正面を南に向けている。この大岩が子産石であって小石が沢山生まれ出るのだ。

鉱物である岩がたとえ小石にしても生むわけはない。だが、多分その崖の地質の関係で雨や風に打たれているうちに土壌がもろくなり土の表面に出ていた小石が外へこぼれ落ちるということなのだろう。小石の数が多くて落ちる頻度が高いことから、偶然のことがあたかも祈願した女性には自分のために授けられているように感じられるのだろう。しかし当時佐野郡と呼んでいたその地方では、子供の授からない女性たちが心の寄りどころとして祈願し、石を持ち帰って信仰の対称としていた。それなりのご利益があったのであろう。

実際自己暗示によっても身心の浄化は図られ、それが気持ちを鎮め希望を抱かせる原因となる。子供を授かりたいという強い願望が身体に良い影響を与え、子が生まれることになる。安産し子供が授かれば他の石を携えてお礼かたがたお返しをする。そうした風習がこの地方に広まったという。この行いが他の子供の授からない女性たちへの催眠作用になって、良い結果を生み出していったのだろう。当時この村では昔からお産で死んだことがない、と老人が言っているから、おめでたいことである。

あと一つの子授け石の話は、枚之原市西萩間の大興寺に伝わっている。これらは崖から落ちる石で、まゆの形をしているのも珍しいことだ。子授け石といってもこれは一風変わったもので、その寺の住職が往生するごとに一つずつ落ちてその住職の墓石となる。実に妙な話だが実際のことである。その石は寺の裏山の山裾を流れる小川に沿う崖から落ちる。小川に沿う百メートルほどの崖にのみ落ちるのも不思議だ。まゆの形をしていることもあって、こんな石はここから出るだけだろうと天然記念物にしようという話もある。

住職の往生と石との関係は、六百年間に二十八基の石塔が立てられたことから事実のことである。近郊の古老には「この目で見た」という人が多いことから、単なる作りごとや伝説ではない。裏山の裾を流れる小川のほとりの小さな社には、かつて生まれ落ちた石が祭られ、女性たちが千羽鶴を飾るとのことだ。

古来、石は霊の宿るものとの信仰があった。石をアンテナにして神の意思と交わろうとする習慣が、日本では先史時代からあった。アニミズムはどこの国でも行われていたが、日本では山そのものが神の宿る領域と考えられ、その中腹や頂上に位置する巨石を磐座としてあがめた。石に霊が宿ることで有名な話は小夜の中山の夜泣き石である。金谷から中山峠を経て日坂に下る道には、平安期からの伝説で名高い巨石が転がっていた。そこを通る旅人は石をなでて手を合わせ、悪漢に殺された妊婦の霊を慰めたという。その妊婦の霊が惨事の行われた側にいて、その石に宿ったからだという。母親の幽霊が夜な夜な麓の店に飴を買いに来て赤子を育てたという伝説も伝わる。

ここに紹介した二つの石の話は、どちらも石が大きくなるというものである。一つは今の浜松市の天竜区渡ケ島あたりに伝わるもので、大石大明神として祭られている。遠州灘の海岸で毎年身を清めて祈願していた主人公。その人の蓑にからまり付いてきた石が年々大きくなる。神石として祭るとさらに大きくなり、祠だったものを社にして収容したという。この書を著した中村乗高さんが実際のことかと現場を訪れている。それによると主人公は中村さんより五代前の人であるから、伝聞を頼りに事実を確認するよりほかはなかった。そこで近所に住んでいる六十八歳の老人に尋ねると、わしが子供のころあの家に行ってオモチャにして遊んだことがあるが、今思い返してみると五、六十年の間に三倍ほどの大きさになったと言う。さらにその辺りの老人たちにも聞いてみると先の老人の話したとおりだった。

石には霊的なものが宿る。これは古代人は直感で認識していたので磐座として、時代が下ってからは御神体として神とのアンテナ代わりにし、祭ったのである。昔、内務省の神社関係の役人が調査に来て、どんな御神体かと神主立ち会いのもと調べてみると、ただの石ころだったというようなことを言っている。だが、これは役人が鏡同様、石をアンテナと見ていなかったことになる。

磐田市の農協向笠支所のあたりにその昔、向笠伯耆守の屋敷があった。そこは竹之内新屋の地で、北から流れてきた敷地川と中沢川が合流し、やがて天竜川へ注ぐ。その合流点より幾らか下に位置した。地図の上では別の堀川が記されているが、その辺りのことである。寛政元年のことだが伯耆守は屋敷近くの川の河川改修を行い、川の流れを変更して新たに農地を生み出した。

その工事現場から、ごろた石が幾つも出てきた。四角なものや丸みを帯びたもの三角に見えるものなど、捨て石にしかならない石が掘り出された。それが邪魔になるので新たな川の土手に並べた。すると重ねていた石だけを残し、他の石はいつの間にかなくなっていた。その残った石の形が五輪の塔にも見える。二十年も経つとこのようなことが起こるのだ。

農家の人は腰痛になる。老人で起き上がれない人が出た。すると誰かが土手の五輪の片輪石に花と洗米を供えて祈願すれば、腰痛は治ると言った。集団的無意識が働き合う環境が整っていたことになる。腰が痛いと何とかしないといけないと思っていると、無意識のうちに助けを求める。そのような状態にあっては暗示にかかりやすくなる。すぐに実行した。すると治ってしまった。気持ちも多分に作用したのであろう。真似る人も出てきた。集団的無意識が催眠効果を生み出し、次々に片輪石に花や洗米を供えて祈願する人が続出した。治る人もあって評判を呼ぶようになった。

こうなるとさい銭があがり、それで祠ができ社がつくられるということになる。遠くの人たちにも宣伝されるようになり参拝する者まで出てきた。ところが五輪の片輪石は以前そこにあった石橋の橋杭の先端部分ではなかったかな、と近所の古老が中村乗高さんに話したそうだ。そういえば宝珠のようにも見える。だが騒動はその後も続き、現地には集まる人を目当てにした飲食店や酒場まで出現したということだ。しかし長続きはしなかった。

この話の見所は著者中村乗高さんの感想にある。すなわち一時的な流行で終わるのは、神には関係のないことだ。そうしたものがはやるのは社会にそうあってほしい願いがあるからだ。しかし三年とは続かない。

だが、五年十年と続き社会に根づくものもある。また百年たっても千年たっても流行の止まらないものもある。そうしたもののなかには儒教や仏教もあると中村さんは述べている。まさに幕末、尊王攘夷思想を生み出した平田篤胤の弟子として面目躍如たるものがある。


――参考資料――

●住職の死を知らす予言石（「読売新聞」昭和40年2月5日より）

寺の住職が死ぬ前夜に、かならず境内裏の崖から石がポトリと谷川に落ちる。落ちた石でその住職の墓を立て、五百六十余年間に二十八基の石塔がずらり。

宇宙時代にそんな話は〝ホントかしら〟と言いたいが、檀家では先祖代々のいい伝え。住職や古老は「この目で見た」と証言するのだから疑う方がバチ当たり、地元では理屈抜きの〝真実〟で通っている。

◇崖から頭を出す◇

この寺は東海道線金谷駅から〝茶どころ〟牧之原大地を横切って南へ十二キロ。静岡県榛原郡相良町西萩間の曹洞宗大興寺。約六百年前に僧大徹が開山した名寺という。

話題の石は境内裏山の裾を流れる通称〝ご相談川〟の崖、約百メートルだけに限って頭を出している。

ちょっと見た感じでは、くりくりに剃った坊さんの頭にそっくりで、石頭コンクールとでもいうところ。大きいのは直径三十センチもあり、どれもこれも中央がくびれてまゆの形をしているのも不思議だ。

ポトリと石が落ちるのは住職の死ぬ二週間前後だから寺の住職はもちろん、土地の人が気にするのも無理はない。「ただの伝説でしょう、気にしなさんな」いささか無責任だが科学的なつもりの発言も〝私は見た〟という古老の生き証人に、はね返されてしまった。大興寺の末寺の、同町内にある正法院住職、平野考童師（六二）も「ここ五十年間に三回見ました」と断言する。

◇天然記念物望む声◇

さて当の大興寺二十九代目住職桑原録三師（五〇）はどうだろう。「私も見ました。昭和十五年に死んだ二十八代桑原道りん住職、同十二年に死んだ二十七代加藤一慶住職のときも確かに石が落ちました。私も身体の具合が悪いときはすぐあの石を思い出します。あまりいい気持ちではありませんね」と、にが笑いしながらも〝真実説〟をとる。

相良町の鈴木一郎町長は「住職と石のことも不思議だが、あそこだけにまゆ形の石が出るのもおかしい。県に調査を頼んだが、ぜひ天然記念物にしたい」と科学派だ。

バチが当たるか、予言が当たるかどちらにしても〝ホントかしら〟ですな。

●火事を起こす「いの字」石（太田国蔵「心霊と人生」25巻5号より）

新潟県村上町の目抜き通りに小町という街がある。その街の警察署の前に、長さ三尺、幅八寸ぐらいの「い」の字形の石が路面に出ている。人はこれを称して「いの字石」と呼び奇蹟の石だとしている。

その由来は、七百年前、玄翁和尚が那須野が原の殺生石を法力で打ち砕いたときのかけらが、ここへ飛んで来たものだとされている。そしてその石を除けると町に火事が起こる。

最初、この石を除いた時、この町の坂本屋旅館が火元の火事で五百戸が消失。次が薬屋幸助が火元で全町が延焼。その後竹内自転車店から火が出て五戸全焼、三、四年前のことであった。警察署が道路補修で、このいの石が邪魔だというので取り除き、それを同署の玄関前の敷石にした。

　ところが本町役場の隣から失火、役場は全焼。このようなことに驚いた町民は、皆の総意でもと通り路面に戻し今日に至っている。

――〈解説〉石の移動が原因であれば低級霊の憑依と考えられる。（心霊研究家・脇長生）

18　地蔵

ぎゃく（マラリア）を治す魚地蔵

豊田郡野辺郷敷地村久兵衛地内に肴地蔵という石地蔵があった。ぎゃく（マラリア）を患う者は、この地蔵に祈願すると治るといわれていた。祈願するには人の見ていない時に行き地蔵の耳に口を当てて、ぎゃくを治してください、お礼には肴をお供えしますと言えばよい。そうすればすぐに治るといわれている。

病気が治ったら、やはり人の見ていないとき、肴を地蔵の背後に供えることだという。こうしたことから肴地蔵と名付けたのだという。

明神の木像と遊ぶ子を避ける鍵に祟り

豊田郡赤池庄の於呂明神社は社領にて捨て石があって、社の建物も立派であるが、昔から扉には鍵を付けなかった。明和年間のことである。付近の子供たちが社に集まり遊んでいるうちに、いつの間にか社の中にある木像を取り出して遊んでいた。それを神官の中村山城が見つけ、驚いている子供たちを追いはらい、祓い清めて元に戻した。

急いで鍵を造り固く閉じたところ、神官に社の眷族が憑いて、気が狂ったようにどなりちらした。「われは子供たちと楽しく遊んでいたのに、子供を追い払って近付けないようにした。なぜ鍵など掛けてわれを閉じこめたのだ。われの気持ちに叶わぬ者は皆殺しにしてしまう」と跳び上がってどなるので、社の人々は神の機嫌を損ねたと態度を改めた。

それからは頑丈に造った掛け金を取り外し、木像を元に戻したところ、ただちに憑きものが取れた。中村家の親戚の人が話したことだ。

子供と遊ぶ石地蔵の話

大井川の上流小永井という所に石地蔵があった。ある時子供たちが集まり、地蔵をいじって遊んでいるのをある人が見つけて、子供たちにやめさせた。

そして立っていた場所に移し、子供たちが近寄れないように四方を格子にした堂を建て地蔵を中に入れた。ところが地蔵の霊は縁のある人に憑いて「わしが子供たちと遊んでいたのをやめさせ、どうしてこのようなうっとうしい堂に入れたのだ」と怒った。

それでは地蔵の祟りだと分かり、その格子を取り外したところ、その祟りが収まった。

これはその所の人が話したものである。

地蔵に祈願しイボを治した姉妹

豊田郡見取村に柚木地蔵と呼ぶ石地蔵があった。その地域の人たちはあらゆることを地蔵さんに頼んでいたが、ご利益があったという。

安永年間のことだ。向笠の郷、甚左衛門の姉娘が顔にイボがたくさんできたので、母はその地蔵に頼もうと十歳になる妹娘を連れて行き、祈願した。ところが妹は母の願うのを聞き、

「姉さんのイボが治るなら、私にできたっていい」と言った。母はそのことを聞き、ふざけて言うのもいい加減にしろと叱った。

だが地蔵は本当のことと思ったのだろう。間もなく姉娘の顔にいっぱいあったイボは消えたが、妹娘の顔にはその分できたという。母はこれはあの日、妹がたくさんできてもいいと言ったのを、地蔵は本当と思ったのだろう。困ったことになったと、地蔵の許に駆けつけ謝った。

すると間もなくイボは消えたという。これこそ地蔵さまのお情けだと、ある人が語ったということだ。

地蔵に石を当て右手が不自由になる

山名郡山名村の幸八は十二、三歳のころ、近所の子供たちと遊ぶとき、地蔵の頭を的に

して遠くから石を投げ、当たれば勝ちにすると決めた。子供たちはそれぞれ投げたが、幸八は上手だったので、簡単に地蔵の頭に当てることができた。ところが石が当たると、地蔵の頭が首から折れて地面に落ちた。

その祟りであろうか、それからは幸八の右手がしびれて物を取ることが出来なくなった。手はまるで人形のようで、大人になっても農業に就くことが出来なかった。

仕方がないので頭をまるめ坊主となり、法名を玄利といった。あちこちで堂の番人などをしていたが、寛政年間に六十余りで死んだという。これはまったく地蔵の祟りであると、付近の老人が話したということだ。

《解説》　現在の磐田市農協向笠支所の近くに柚木地蔵という石地蔵があった。その地域の人々はこの地蔵さんに一身上のことや、家族の安寧、それに病気治しのことなどを祈願した。地蔵さんはよく願いを聞いてくれたという。この話が独立した一つの話として心を打つのは、地蔵さんの前で妹の言ったことを地蔵さんがその通りに応えたこと。しかしそれはとんでもないことだったので、一緒に行った母が詫び新たに願うと、それも聞き届けくれて安心できるようにしてくれたことだ。

顔にできた姉のイボを取ってくれるなら自分が代ってもいいと妹が何気なく口にしたことを、地蔵さんがそのまま実行してしまった。姉はイボが取れたが、なにもなく奇麗だった妹の顔に実際に出来てしまった。そんなことは起こらないとタカをくっていた母と妹娘は驚いただろう。また祟りにも似た地蔵さんの威力を改めて感じたであろう。

うっかり口にしたことで心にもないことを言ってしまったと素直に詫びた。その真心が地蔵さんに通じたわけである。うっかりしたとしても心にもないこと、不吉なことは絶対に口にするものではない、といさめている。

また地蔵さんのためになると思って行ったことが、かえって地蔵さんの機嫌を損ね、バチを当てられている話も面白い。子供の純真な気持ちを尊ぶのが地蔵さんであり、大人の計らいには関心を寄せず、元へ戻して子供たちと再び遊ばせてくれと要求している。世俗に染まらぬのが地蔵さんのならい。崇高な雰囲気に接し己の醜い心から脱しぬかぎり祈願は叶わぬ。そう思えと暗に諭しているような話で、中村乗高さんはこれら二つを紹介している。

地蔵さんは親しみが持て、庶民の生活に裸で付き合ってくれるありがたい存在である。もちろん高次元の世界に属しているから、上の境地より人間の生活に接し相談にのっている。民話や伝説に登場する地蔵は江戸時代が活躍の時期と思われがちだが、今昔物語に多く語られている。そのことから考えると、古い時代から存在していたのだと改めて感じる。
なにせ地蔵さんは人間的であり、庶民の匂いがしてくる。観音菩薩は一段高いところから願いを聞く感じがする。だが同じ慈悲を施すにしても地蔵は人々の社会に下ってきて、共に語り共に悩み共に喜ぶ。その人間性に惹かれて親しみを感じる人が多いのではなかろうか。

地蔵はその働きにより種類が多く、人の思いや願いが多様に具現している。労力を人手に頼らなければならなかった江戸時代、特に農民にとって地蔵は手を借りたい存在であった。それが田植え地蔵、鼻取り地蔵、雨ごい地蔵となった。街なかへくると庶民の仲間として酒飲み、味噌づけ、肴地蔵となった。また人の活動に基づいた喜怒哀楽を語る地蔵もある。悲しいのは事故や犯罪で命を落とした子供の慰霊を図り、偲ぶために立てられた地蔵である。全国の地蔵の分布をみると、この種類に属するものが多い。庶民一人ひとりの子供を失った悲しみが地蔵に表れているといってもいい。ここに載せている話に肴地蔵が出てくる。お礼として肴（料理）を供えるにも、やり方が決まっている。今の病名では高い熱の出るマラリヤ（ぎゃく）にかかったとき、この地蔵に治してくれるように祈った。

ところで地蔵さんは慈悲を施すばかりではなく、たかが石地蔵と見くびったやり方で悪い行いをする者には祟った。これは地蔵自身の尊厳を示すねらいもある。だが野ざらしになって道端や野の中、あるいは祠、よくて堂など人の手に触れやすい場所に置かれて、いたずらされやすいので、これを防ぐねらいもあった。祟りを大きく報ずることによって地蔵像を守ろうとしたことで、地蔵には関係ない。

――参考資料――

●京都大学の祟り地蔵（T・K生「心霊と人生」20巻6号より）

大正八年京都大学では、動植物学の教室を建設するために知恩院の東方白川街道に沿った土地を購入して、地ならし工事をやったところ土地の中から石地蔵が数多く出て来た。地ならしに従事していた労働者たちは「石地蔵では石垣にもならず、漬物の石にしてはもったいない。こないな物は、捨て場にも困る」と言って構内の隅へ投げ出し、やがてその石地蔵に腰を掛けて、弁当を食べる者もあれば

「石地蔵やないか、こないな物が、何でもったいないんだ」と言いながら構わず小便をか

ける者もあって、かつては地蔵菩薩として尊敬の的になっていた石地蔵も、労働者たちの前では何の威光もなかった。

ところで労働者たちが石地蔵を粗末にするようになってから間もなく、工事請負人の小島某が原因の判明しない病気で急死してしまった。すると誰いうとなく、それは石地蔵の祟りだということになったが、大学の方では「石地蔵が祟る、そんな馬鹿なことがあるものか」と言って一笑に付した。

そのうちに工事はどんどん進んで、木造の堂々たる洋式建物が完成した。同じ時期にその建設に携わっていた大工の棟梁の服部という人が死亡した。続いて労働者の某が死に、それから大学の建設部長山本治兵衛が亡くなった。会計課長の今井という人は、その時樺太へ出張していたが、そこで死亡した。

「それ見ろ、こんなにこの建設に関係した人たちが死ぬのは、みな地蔵さんの祟りだ」と言って、工事の労働者、出入りしている業者、小使いたちは、寄ると触るとその噂を話題にした。変わった信仰を持っていた出入り業者の一人は、出身地の狐霊を使う霊能者の老女の家へ行き事情を話し対策を求めた。八十歳余になる老女はお祓いのあとで
「地蔵の祟りじゃ、石地蔵といってもあれは元来大日如来じゃ。大学ではお祭りをしないばかりか放り出して小便を掛けたりするから、如来さんは大変なご立腹で、まだ六人まで命

をとると言ってござる。一日も早くお祭りして、特に水は毎日お供えせんとなりませんぞ。それに古狸がまだ二匹おる。それは一匹は義春、一匹は二九郎というから、これもよくお祭りせぬと怒っておる」と言った。

出入り業者は飛んで帰った。さあ大変だ。まだ六人の命をとる。命をとられるのは誰もがイヤだ。それなら大日如来を祭るしかない。

そこで動植物学教室の建設に力を注いできた池田教授に相談したところ、教授は鼻の先でせせら笑って「へぇ、そうかそりゃえらいこっちゃ。だが大学ではね、君たちで適当にやってくれないか」と相手にしなかった。ところがその池田教授は四、五日患っただけの病気で、大学病院で死んでしまった。

こうした事態になると迷信だと笑ってばかりいられなくなる。そこで小川・川村・小泉らの教授たちが寄付をし、出入り業者も献金して二百余円を集め、構内の東南に二坪ばかりの祭壇を造った。そこへ石地蔵を並べ、狸の祠も作って花を飾り、餅や赤飯を供えて祭典を執り行った。そして毎年盆の二十八日に例祭を行うことにしたので、その後は何事もなくなった。

●高岩禅寺のとげぬき地蔵（三吉朋十「武蔵野の地蔵尊」より）

今をさかのぼる二百五十年前の正徳五年のころ、江戸に藤原姓を名のる長谷川某の娘がいて田月という人に嫁したが、ほどなく重病にかかった。田月は何とかして新妻の病気を早く治してやりたいと一心に地蔵に祈願をかけていたところ、ある夜の夢に「なんじ心がけのよいものよ、早起きして外に出て軒下を見よ。そこに地蔵尊の姿を見るべし。御姿を一千枚の紙に唱名しつつ印仏して隅田川に舟を浮かべて施餓鬼すべし、かくすれば、汝の願望は叶って妻の病は治るべし」

夢のお告げに従って翌朝早起きして戸を開けて軒下を見れば、はたして地蔵の姿の一片の版木のようなものがあった。

田月はこの木片を取りあげて、夢のお告げに従って一千枚を紙片に摺り写して、これを隅田川に持って行き、川に船を浮かべて施餓鬼を行ったところ、日ならずして妻の病は全快し、夫婦和合、抜苦与楽、長命の一生を終えたという。この一片の版木こそ、とげぬき地蔵と呼ばれて、この寺の木尊であるという。

田月が感得した版木は本尊であるが、とげぬき地蔵とは呼ばれなかったであろう。「とげぬき」の名称が付けられたのは、次の説話によるからである。

昔、江戸参勤の毛利家の奥女中某は、誤って縫針を飲んだ。今日ならレントゲンで見て何とかして針を摘出することも出来ようが、昔のことであるから、どうしようもない。ただ死を待つよりほかに道がない。死ぬにしても苦しんで死にたくないと思うばかり。奥女中の心中はかわいそうであった。

そのとき、ある人が言うには、死ぬにしても苦しまないで死ぬには、お地蔵さまの御姿を紙に写し、これを水に浮かばせ一口に飲みなさい。そうすれば苦しみを和らげられるでしょう。高岩寺さまへ行って御姿を頂戴いたすがよいでしょう。かく言われたので、お女中は御姿を頂いて飲むと、不思議や、たちどころに霊験があって針を吐き出し、命拾いした。この説話は事実であるか否かは論ずるところでないが、伝承そのままを書いた。

腕白ざかりの児童らが、手足にトゲを刺したり、けがをした場合にも、御姿を傷口に貼れば、全治が早いと信じられている。

とげを抜くというだけでは大したことではないが、とげはトガ（業）に通じ、業あるが故に人は病にかかる。業を抜けば病にかからない。業を抜くには高岩禅寺にお詣りして地蔵信仰の道に入る。こう信じられて、寺の付近一帯の商店は参詣客が雑踏して正月の四日、暮れの二十四日の縁日などには、大勢の人が出て一方交通の必要があるほど、身動きも出来ない賑やかさである。

寺記によれば、寺は慶長三年に扶岳和尚が起立した。そして第二十七代住職来馬道師は昭和四十五年に遷化してしまった。

太平洋戦争中に寺は戦災にあって全焼したが、本尊は避難して無事であった。本尊の御姿は秘仏であって見た人は住職一人だけ。いかなるお姿であるやは全く不明であるが、片手で握れるほどの小体の木彫であると伝えられている。田月が夢のお告げによって軒下で拾った木の一片がそれであるといわれている。

あまり広くない境内には、南面して数十基の石彫り地蔵が安置してあるが、それらはすべて霊験のあった人々が奉納したものである。

●高齢社会のあるべき都市像（竹内宏「静岡新聞・論壇」平成17年10月20日より）

日本における伝統的市街地の代表は、東京巣鴨の「とげぬき地蔵商店街」である。年間約四十回も開かれる縁日には毎回二十五万人が押し寄せる。そこでは、すべての店主は店に住んでいるので、生活の臭いが町に溢れている。看板規制や自動車の乗り入れ規制が守られ、景観が統一され、お客は安全に歩ける。

そこのお寺では、地蔵や護摩祈祷だけではなく、カウンセラー、坊さん、弁護士が、それぞれ分担して、参詣者の悩み事の相談に乗って現世的なご利益を授け、街の生活に溶け込んである。

まとめ

＊＊中村乗高と事実証談

中村乗高の生年はよく分からないが、明治維新（一八六八）より百年ほど前に生まれ、文政十年（一八二七）に没した。その壮年期は文化文政時代と呼ばれる町民文化の勃興期に当たっていて、遠州では「国学」という復古主義的文芸運動が最高潮に達していた。運動の主体は神主たちであって、森町天宮神社の神官を代々勤める家に生まれた乗高も国学に身を投じた。まさに時代の子であった。

初めは栗田土満《ひじまろ》の門に入り、後その推挙によって本居大平《もとおりおおひら》に師事した。文芸復古といっても、乗高は書斎派ではなかった。その関心は古典に向かうのでなく、庶民たちが古くから語り継いできた奇談に向けられた。当時、奇談は古学の一ジャンルとして国学者たちに人気があったようだが、乗高の場合は足を使って徹底的に地方を回り、生の声を実証的に収集することに全力を傾注した。これが、他の学究とは一線を画すことになった。

乗高の取材ぶりは当時から良く知られていたらしく、遠州相良代官の小島蕉園は「千里も遠からず尋ね行き、これを窺う。これまた洲一の奇人なり」と評している。

二十年以上の歳月をかけ、集めに集めた奇談は二百巻以上にもなったというが、その取材の実証主義がわざわいして、公開にはちゅうちょした。内容が世間に出れば多くの人々に累が及ぶとして、石室に納め「石室秘録」と名付けて秘匿する覚悟だったという。

しかし、もともと在野精神の強い乗高である。この記録を仲間の学者たちでなく、本来の持ち主である庶民、古学の精神を軽んじる懐疑主義的な市井の人々にこそ読んでもらいたいと、出版を決意する。神霊、人霊、異霊、妖怪、霊夢など十六の部門に振り分けて刊行していこうという壮大な企てであった。

最初の原稿がまとまると、乗高はそれを師である本居大平と平田篤胤に送って監修と序文を願った。文政六年、三部門の五巻が上梓される。自ら序文を書いてから四年余りの歳月が流れていた。このときの五巻がいまわれわれの目にすることのできる「事実証談」のすべてである。六巻以降はいまのところ草稿も見つかっていない。地元で「左京様」と呼ばれ、長い間代々天宮神社の神主をつとめてきた中村家は、明治三十年ごろまでは森町の天宮に屋敷を構えていたが、乗高から五代の孫初彦に至って家は断絶し、それとともに未発行の資料も散逸してしまったのである。

集められた奇談は、類書のない点において、わが遠江国で唯一無二の珍書と称すべきものであろう。科学の進歩した現代からみると、奇々怪々な迷信的と思われる点もあるが、しかし今日においてもなお科学の説明の不能なことも多いのであるから、一概に迷信として葬り去ることもいかがなものか。いわんや著者においては一種の正しい信仰と確信していたであろうから。いずれにしても、奇怪不思議な話と聞けば、遠い道もいとわず出かけた著者は、実に驚くべき熱意と努力の人である。

＊＊事実証談の意訳について

桜の板に文字を彫り、墨を塗り付けてバレンで圧して和紙に刷る。かつての日本の印刷はこのようにして行われたのである。この「事実証談」も文政年間に著者の中村乗高の尽力によって、このようにして成立したのである。いま手許にあるのは神霊の部、異霊の部、それに人霊の部の三部門にまたがる著述だけである。本来はこの他に妖怪の部など十三の部門が書かれていたらしいが、何らかの事情で先に掲げた三部門のみが印刷されて残っているのである。その発行されなかった理由は、中村さんに出版費用が賄えなかったからではないかと推察されている。十返舎一九の「東海道中膝栗毛」や曲亭馬琴の「南総里見八犬伝」のように人々に受け入れられずに、販売部数が伸びず、三部門を発行したのみで降りてしまったというのが実情のようである。乗高は天宮神社の第六十六代の神主である。世襲されたこの職業で渡世されたのだが、この地味で経済的には日の当たらない稼業では相当高額になる出版費用の捻出はかなわなかったのだろう。

仮に全部門が揃って発行されていたとしたら、遠州地方の奇書としての評価は格段に高まっていたものと思われる。あの柳田国男の「遠野物語」より人気が高まり、人々の間に広く流布されていたのではなかろうか。残念な気もするが、残り十三部門の標題から伝えようとする事柄の内容を推察してみると、人間がその中で語られる割合は、いま日の目を見ている三部門より低かったと思われる。

これは江戸の後期のその時代に綴られた随筆その他に扱われている怪奇ものを読んで気付くのである。単に好奇心をそそり興味本位に書かれているだけであり、話に登場する人間の記述が粗末であることから、読み進む人に満足を与えることはなかったであろう。こうしたことを考慮に入れると、いま手許に残って読むことのできる三部門があれば、読書人に十分満足を与え得るものと判断できる。

私は羽衣出版で発行された分厚い復刻本の「事実証談」を手に入れた。木版で刷った原文を乗せ、活字で読みやすく書き直してあった。くずし字で書かれた原文には歯が立たなかったが、それでも先人たちの尽力によってこの読み難いくずし字を翻訳して載せてあった。それで何とか辞書を頼りに読むことができたのだ。しかし、読み進むには文語体でもそれなりに頭に入って理解できるのだが、これを現代の若い人たちに分かりやすく書き改めることは、簡単のように思えてなかなか厄介なことだった。

原文のままを正直に書き替えても若い人にすんなり理解してもらえそうもなく、結局は意訳にせざるを得ない個所が多かった。原文を直訳するのでは省略した書き方が多いので、分かってもらえそうもないところがあって意訳するわけだ。しかし下手に手を加えると文章の味が消えてしまう。中村乗高の意気が感じられなくなる。だがそのままでは理解できず話がそれてしまうか、曲解されるかもしれない。そこの加減を図ることが正直面倒だったが、私は中村乗高の考え、何を述べようとしているか、その意を察してその意向に沿えるよう努力したつもりである。

乗高は純文学を志しても通じたであろう、文章家である。名文家といってもいいだろう。この文章の味を下手な意訳によって消すのは残念であったが、なにせ書かれている内容は文学ではなくて記録である。実際あったことを伝えるのを生命としているのだ。あくまでニュース性を重んじて、その事実を伝えるように努力した。もちろん乗高の意向を尊重したのである。

＊＊遠野物語と事実証談

遠野物語は柳田国男が地元の佐々木鏡石という人から話されたことを筆記したものである。明治四十二年のことで、語り手の佐々木鏡石は二十四歳の青年だった。夜毎に柳田邸を訪れて話す。それを筆記していくという、柳田にとっては労苦の多い仕事だっただろう。しかし、このとき鏡石より十歳ぐらい年長だったというから、脂の乗りきった年ごろであり興味をもって筆記を続けていったと思われる。

だが出版当初は内容が伝承に基づく説話なので多くの人にという期待はなく、知人友人親戚の人たちに配ることにしていたようだ。後にこれほど人気が長く続いて国民の間に広がるとは、思ってもみなかったであろう。

この遠野物語を世に出すことによって、その後もこれを基とした研究発表を続け類書も出版しているので、柳田国男にとっては民俗学者としての地位を確立するうえで重要な書籍となったのである。

遠野物語といえば、オシラサマ、ザシキワラシ、河童、山男などがすぐ頭に浮かぶが、事実証談にはこれらと比較する話はないといっていい。しかしこれは出版された五巻に限っての話であり、実は発刊に至らずに散逸してしまった草稿の目録を見れば、事実証談も遠野物語とほぼ同じようなテーマを網羅していたことが分かる。

河童の伝承は全国的なものであり、遠野物語に限ったものではない。現に遠州地方でも多くの伝説となって広まり、焼津市石津の水天宮はカッパ神社として知られている。市民の中にも河童ファンがいて、河童にかかわるものなら陶器、絵画、彫刻、衣類など全て収集している。その数一万点に近く、ギネスに申請されたということだ。

だが神木、石の二つについては事実証談にはあるが、遠野物語には詳しく語ったものはない。同じ石の伝説でも山の怪異の一つとして二、三載っているのみで、人間の接する石の話にはなっていない。神木についてては遠野地域だけの語りなので無理があるのか、神社そのものの名前が挙がっていない。神社の木を語れなかったかもしれない。

ザシキワラシや山男に気を取られるかもしれないが、遠野物語の幽霊話にも良いものがある。それは明治二十九年に発生した三陸の大津波にかかわるものである。多分現在の大槌町か山田町に近い海辺に住む、遠野地域から婿にいった人の話だ。その被害のあった土地に小屋を建てて家族と暮らしていた。妻と子の二人を津波で失っていた。

ある夏の月夜の晩トイレに立って砂地を歩いていくと、霧のなかで先年津波のために亡くなった妻と出会った。妻は男と連れ立っていた。事情を聞くと今（四次元世界）ではこの人と結婚したのだという。その男は妻が自分と結婚する前に互いに関心を寄せ合う間柄だったことを、その人は知っていた。

しかしお前、子供たちがいるではないかと言うと、妻は座り込んでさめざめ泣いたが、やがて二人は海辺の道を霧のなか歩いて行ったという。ロマンにあふれ、とても幽霊話とは思えない一編だが、なにせ佐々木鏡石の語りによるもので確かな事実かどうか分からない。この点が事実証談のように複数の人から聞きただすやり方とは違うのである。

だが先年の東日本大震災の被害者である方々には心を引く話として慰めになるのではないか。現に仮設住宅で暮らす遺族の人のなかには、家族や親戚の人、友人知人の幽霊を目にする人があるとのことだ。絆はいつまでも続いている。

＊＊雨月物語と事実証談

とんでもなく淫蕩な大蛇もあったもので牛と交わり麟を生み、馬と交わり竜馬を生む。それだけでは満足できず、人間の若いイケメンの男を、妖艶な女に変身して魅惑し欲望を遂げようとした。手下の蛇を随身に変え、両方で巧みに男をたぶらかしてわがものにしようとした。危ない場面が二度三度とあったが術者や僧の助けを借りて、男はなんとか一命をとりとめる。大蛇は術と法力によって小さな白蛇と化し、壺に入れられ地中に封じられてしまう。

雨月物語のなかでも異界を描いた一編として名高い「蛇性の婬」。蛇は魔性の動物で人に害を与えるものと思われるが、いっぽうでは竜神に観られるようその威力を崇められて神として祭られることもある。

事実証談に登場する大蛇は神として祭られ明神になっている。本編の現代語訳では割合したが、紹介しておこう。

多分戦国時代のころのことだろう。佐野郡寺田（掛川市寺島）にあった寺田藤十の家に突然大蛇が現れた。藤十が座敷で昼寝していると大蛇も大蛇、頭が馬ほどもある蛇が梁に頭をのせている。胴は縁側の外にまではみ出ている。座敷に入ってきた下女は、この姿形を目にするや気絶してしまう。その物音に藤十は目覚めて大蛇を目の当たりにする。

その地域で怪力の持ち主として名高い甚兵衛を呼び寄せたかどうか分からないが、甚兵衛は胴体に武者ぶりついて外に引き出そうとするが、神の力を借りようと祈りながら力を入れると蛇はようやく動き、庭に引きずり出される。そこでとぐろを巻き赤い舌を出して甚兵衛のすきを窺っている。

ここで甚兵衛はひるまず大声をあげて蛇に言い聞かす。これは事実証談のなかでよく出るシーンで、祠のところでも邪霊に向かって道理を説くが、甚兵衛は蛇に向かう。人に危害をおよぼすなら俺は退治するが、屋敷神だとするなら、なぜこんなおぞましい姿で現れたのだ。さっさと外へ出てしまえと言う。蛇はそれを聞くと垣根の外の草むらへ這い出て姿を消してしまう。やはり屋敷神だったのかとその後地域の地頭に相談して、明神として祭ったとしている。

雨月物語は上田秋成が明和五年、ちょうど事実証談の作者中村乗高が生まれたころに筆を執ったものである。秋成は中国の白話や日本の古典を典拠として物語にしているが、多くは翻案している個所もあってフィクションそのものだ。これに対して事実証談は中村乗高がその起こった、現れた事実をとらえて観察し納得のいかないところは現地に足を運んで聞きただしている。いわばドキュメンタリーをつくるやり方を採っているのだ。

雨月物語の中で事実証談と比較するのに採用できるのは、この他では「吉備津の釜」と「浅芽が宿」の二編である。吉備津の釜は相性の悪い夫婦が仲むつまじかったのはしばらくの間だけで、夫が妻を裏切って他に女をつくる。女にとって耐え難いことを行った夫に仕返しするべく怨霊となり相手を取り殺す、恐ろしい物語だ。

事実証談のなかでもこれをモチーフにした話は幾つかあるが、生霊となるか幽霊として相手の前に姿を現すだけであって、相手を滅ぼすようなことにまで事態は発展しない。これはフィクションとドキュメンタリーの違いであって、現実的な話題を事実証談が採り上げていることを表すものだ。しかし雨月物語のようなアクションがなくても、祟ることで相手やその関係者に永い間じめじめした恨みをはらすやり方は、かえってこちらの方が陰惨と言える。事実を丹念に書きつらねた事実証談の方が読む者の心をとらえるのだ。

「浅茅が宿」は別々に暮らすことになった夫婦に起こった悲劇を描いている。主人公勝四郎は農作業を嫌い商人になることを志し、地元特産の絹を京に運んで金儲けようと田畑を売ってカネに替え、絹を仕入れて京へのぼることにした。妻の宮木は容貌がよく堅い性格で評判も悪くはないが、夫の上京には反対した。だが一年限りにするというので仕方なく留守居することになった。

しかし、その当時は戦国時代まっ盛り、各地で豪族が争い世の中は乱れていた。夫は戦乱のため途中の通行が邪魔され帰宅できない。七年たってようやく故郷の土を踏めたのである。だが、そこは戦火の被害がおよんだ土地なので家はなく、妻も無事ではあるまい。だが一度はかつての住居の跡を訪れようと夜になってそこの場所を探し当てたのだ。

ところが家はみすぼらしくはなっているが、灯りが点っている。妻もいた。痩せ衰え容貌も変わっていたが、かつての妻に変わりはない。勝四郎は喜び宮木にこれまでの経緯を話し、遅くなった帰宅を詫びた。語りぬいて夜半になり、翌朝目覚めると廃墟のなかの草むらに等しい場所にいることが分かった。昨夜会った妻は幽霊だったのだ。

郷愁を感じさせ夫婦の情を語ろうとしているが、フィクションとしての物語の感動を呼ぶだけのものである。この事実証談に載っているもので、江戸に出稼ぎに出た夫の許へ自分の死を伝え、残された子供たちの養育を頼みに幽霊となって現れた妻の話の方が、事実に基づいた話だけに読む者の心をとらえる。

妻の幽霊は夫が吉原の遊女屋へ行き遊女と寝ている枕元に現れてそのことを伝えた。夫はすぐに自分の非に気付き遊女屋を真夜中に出るが、その夫が遊郭へ続く吉原堤という土手を歩いているとき、火の玉が胸に当たる。妻が夫の出てくるのを待っていて、念を押したのである。夫婦の絆を感じさせる場面だ。

このように夫婦の情愛、絆を語ることにおいては雨月物語より事実証談の方が読む者の心に感動を呼び起こす。まさに事実は小説より奇なりを感じさせる。

勝又己嘉（かつまた　みよし）
　昭和12年１月７日生まれ
　昭和30年３月　静岡県立吉原高等学校卒業
　　　　　　　　家業の建材店を継ぐ
　昭和45年９月　心霊科学研究会入会
　平成16年　静岡県芸術祭文学部門（評論）芸術祭賞受賞

遠州の遠野物語
「事実証談」の世界
平成27年７月20日　初版発行

著者・発行者　勝又己嘉
発売元　　　　静岡新聞社
　　　　　　　〒422-8033
　　　　　　　静岡市駿河区登呂３-１-１
　　　　　　　電話054-284-1666
印刷・製本　　藤原印刷
ISBN978-４-7838-9912-９